Sí o No

Spencer Johnson

Sí o No

Guía práctica para tomar
mejores decisiones

WITHDRAWAL
EMPRESA ACTIVA

Argentina - Chile - Colombia - España

Estados Unidos - México - Uruguay - Venezuela

Para Lesley, mi esposa

NOTA:

La primera edición de SÍ o NO contiene un depurado Sistema SÍ o NO de dos preguntas, destinado a proporcionar a los lectores un instrumento para tomar mejores decisiones, más útil y fácil de recordar que el original de seis preguntas que apareció en la edición preliminar de este mismo libro. En base a la valiosa retroalimentación procedente de los lectores de aquella edición preliminar, han sido realizadas asimismo algunas otras modificaciones, entre las que se incluye el modo de utilizar el Sistema en grupo. Por lo demás, el contenido del libro sigue siendo esencialmente el mismo.

Título original: *"Yes" or "No" - The Guide to Better Decisions - a Story*
Edición original: HarperCollins Publishers Inc., Nueva York
Traducción: David Sempau

© 1992 *by* Spencer Johnson, M. D.
   Published by arrangement with HarperCollins Publishers, Inc.
© 2003 *by* Ediciones Urano, S. A.
   Aribau, 142, pral. - 08036 Barcelona
   www.edicionesurano.com

ISBN: 84-95787-44-X
Depósito legal: B - 16.635 - 2003

Fotocomposición: Ediciones Urano, S. A.
Impreso por Romanyà Valls, S. A. - Verdaguer, 1
   08786 Capellades (Barcelona)

Impreso en España - *Printed in Spain*

Índice

Introducción

En el año 1986 comprendí claramente que, en este país, demasiadas personas estábamos tomando decisiones poco afortunadas. Perdíamos posiciones en el comercio mundial, vivíamos en un entorno cada vez más deteriorado, los índices de criminalidad aumentaban y por doquier podíamos constatar los efectos de la drogadicción, del divorcio y del aumento del número de personas sin un techo bajo el que cobijarse. Tanto si lo queríamos admitir como si no, en gran medida estábamos en la situación en la que nos encontrábamos debido a las decisiones que entre todos tomábamos.

Me preguntaba en qué nos habíamos equivocado tantas personas y qué podíamos hacer al respecto. ¿Era posible aprender a tomar decisiones más afortunadas y disfrutar de mejores resultados, tanto en nuestra vida profesional como en nuestra vida privada? Y si un número suficiente de personas lográbamos tomar decisiones más adecuadas, ¿podríamos crear entre todos negocios, comunidades y familias mejores?

Contemplando nuestra vida retrospectivamente podemos percatarnos de algunos de los errores cometidos. Partiendo del principio de que nadie desea equivocarse, comencé a estudiar el proceso de toma de decisiones y me topé con algo que resultaba obvio: las malas decisiones se basan en ilusiones que en su momento tomamos por realidades, mientras que las decisiones acertadas se basan en realidades reconocidas a tiempo.

Tras varios años de estudio, descubrí lo que espero que tú también descubras leyendo este relato: un sistema fiable para saber decir «Sí» a lo que nos funciona bien y «No» a lo que no nos funciona.

Espero que, si encuentras que este sistema te resulta útil, puedas ayudar a otros a utilizarlo también en su provecho.

SPENCER JOHNSON

Agradecimientos

El presente libro constituye un compendio de descubrimientos que me transmitieron mentes prácticas y corazones generosos. Algunos los he adquirido de libros escritos hace ya tiempo, otros de conversaciones contemporáneas. Deseo expresar aquí mi reconocimiento a algunas de estas fuentes de sabiduría, entre las que se cuentan:

El doctor *DeWitt Baldwin*, director de Investigación e Información Médica Educativa en la American Medical Association, por su contribución a la reducción del estrés por medio de la integridad.

El doctor *Paul Brenner*, por su énfasis sobre el equilibrio entre pensamiento y sentimiento, así como por sus investigaciones sobre el sistema binario del cuerpo humano.

Jim Catchcart por sus diversas y valiosas sugerencias.

Los realizadores cinematográficos *Brad Neal*,

Ray Christensen y *John Christensen*, de Charthouse International Learning, y su socio *Joel Suzuki*, por su claridad y por su énfasis sobre la importancia de la narración.

El doctor *Richard Farson* y asociados del Western Behavioral Sciences Institute, por haberme invitado a participar en su red informática internacional de ejecutivos, así como por el análisis de los conceptos expuestos en este libro.

Todas las personas talentosas en *HarperCollins Publishers*, por sus impagables contribuciones.

Mathew Juechter, por su orientación sobre las posibilidades de utilización en organizaciones del Sistema «Sí» o «No».

Margaret McBride, de la agencia literaria McBride, por sus aportaciones personales y su ayuda esencial en la preparación de este libro.

Nevins McBride, por sus aplicaciones prácticas al mundo de los negocios.

El doctor *Carl Rogers*, por todo lo que me enseñó acerca de la sabiduría inmanente en cada persona.

Marshall Thurber, por su insistencia en un Sistema fiable.

Y finalmente, a la gran cantidad de ejecutivos y líderes que leyeron el manuscrito y la edición preliminar, y que aportaron valiosas sugerencias basadas en sus propias experiencias en la toma de mejores decisiones. Sus vivencias prácticas y sus sugerencias fueron de un valor incalculable.

El viaje:
En busca del camino

De la confusión a la claridad

Viernes por la mañana

Había una vez un joven brillante que buscaba el modo de tomar decisiones acertadas, para tener en su vida más éxito y menos estrés.

Aunque no solía tomar decisiones erróneas con frecuencia, cuando eso sucedía le provocaba problemas en el trabajo y, ocasionalmente, algún que otro quebradero de cabeza en su vida privada.

Tenía la sensación de que las decisiones desafortunadas le estaban costando demasiados disgustos. Estaba seguro de que tenía que haber algún modo mejor para acertar.

Así que un buen día decidió ir a las montañas cercanas, con la primera luz del día, para unirse a otros ejecutivos en La Excursión, una afamada experiencia de fin de semana dirigida por «el guía», un hombre de negocios extraordinario y famoso excursionista, que se dedicaba a guiar a las personas tanto por las montañas, como por el laberinto de sus propias decisiones.

Había oído decir que numerosas personas habían encontrado en aquellos fines de semana un sistema fiable para la toma de decisiones, y que habían regresado de ellos capacitados para tomar decisiones mejores.

Pero, ¿cómo era posible que hubieran conseguido aprender a utilizarlo tan bien en tan poco tiempo?

Algo más tarde, cuando el joven llevaba recorrido un buen trecho del sendero al pie de la montaña, se sacó la chaqueta y se la anudó a la cintura. Estaba sudando, no tanto por el sol mañanero como por la ansiedad que experimentaba. Estaba seguro de que se había perdido y de que llevaba retraso.

Poco tiempo después de haber salido de casa, se percató de que había olvidado llevar consigo las instrucciones que indicaban cómo llegar al campamento. Se arrepentía de no haber vuelto a buscarlas, pero en el momento le pareció que hacerlo le haría llegar tarde, de modo que había optado por seguir adelante. Ahora, ya muy retrasado, siguió avanzando en la misma dirección a un paso mucho más vivo.

El joven trataba de consolarse diciéndose a sí mismo que no era la única persona que necesitaba mejorar su toma de decisiones. Había formado parte de varios grupos de trabajo cuyas decisiones habían sido, en el mejor de los casos, mediocres.

Los resultados de las decisiones desafortunadas saltaban a la vista dondequiera que la gente tuviera que decidir: en grandes empresas, en pequeños negocios, en escuelas, en agencias gubernamentales y, con demasiada frecuencia, también en la vida privada de las personas.

Era como si la gente no relacionara las decisiones que tomaba con las consecuencias que acarreaban.

El joven se preguntaba cómo era posible que tantas personas inteligentes tomaran con tanta frecuencia decisiones estúpidas.

Comenzó a criticarse a sí mismo. No siempre sabía cómo actuar como miembro decisivo de un equipo o de un grupo. Sabía que a veces se mostraba indeciso. No deseaba bajo ningún concepto cometer errores. Finalmente se percató de que, al igual que tantas otras personas, nadie le había enseñado nunca cómo tomar decisiones.

En aquel momento pisó una rama seca, y el chasquido le hizo regresar de repente a la realidad de la situación en la que se encontraba. Se detuvo y miró a su alrededor.

Fue entonces cuando vio al otro hombre.

Durante unos instantes ambos se quedaron mirándose cautelosamente el uno al otro, hasta que el más joven de los dos notó que del bronceado rostro del otro parecía irradiar una especie de claridad. Se preguntó si ese hombre alto, de cabello gris y aparentemente en buena forma física, podía ser el guía. Por alguna razón, el joven se sentía más seguro en su presencia.

—Estoy buscando La Excursión —le dijo finalmente.

—Soy tu guía —le respondió el otro—. Ibas en la dirección equivocada.

Luego se dio media vuelta y el joven le siguió.

—Harías bien en analizar las decisiones que te han hecho retrasarte hoy —le dijo el guía mirándole de soslayo. Incómodo, el joven no respondió, pero comenzó a analizar aquellas decisiones.

—¿Por qué has venido a La Excursión? —le preguntó el guía un poco después.

—Quiero aprender a tomar mejores decisiones —respondió el joven.

Mientras pronunciaba aquellas palabras podía sentir la conocida presión de tener que imaginar qué podía ser lo mejor en cada momento. Sabía que aquello le hacía a veces mostrarse indeciso ante la incertidumbre de no saber qué podía ser suficientemente bueno.

—Tal vez no tengas que tomar siempre la mejor decisión —observó el guía sin aminorar el paso—. Para que las cosas mejoren, sólo es necesario que tomes decisiones *mejores*. Quizá, como el resto de nosotros, descubras que si sigues tomando decisiones cada vez mejores, al final todo irá bien.

Al escuchar aquellas palabras, el joven experimentó una sensación de alivio.

—¿Puedo preguntarte qué quieres decir con eso de una decisión «mejor»? —inquirió.

—Una decisión mejor es aquella que nos hace sentir más a gusto con el *modo* en que la hemos tomado, y que consigue mejores *resultados*.

»Con «una decisión mejor» —prosiguió el guía—, quiero decir una decisión mejor que la que tomaríamos si no nos hubiésemos formulado un par de preguntas cruciales.

»Tal vez tú en ocasiones, como tantas otras personas, sientas que estás siendo indeciso o que estás tomando decisiones a medias, decisiones que sabes que no son suficientemente buenas.

»Muchas de las personas con las que te encontrarás en esta excursión superaron esta sensación empleando un sistema fiable para hacer dos cosas —utilizar su cabeza y escuchar a su corazón— para alcanzar bien pronto una decisión mejor. Parte de este sistema consiste en formularse dos preguntas cruciales, a las que tenemos que responder con un «Sí» o un «No».

—¿Cuáles son esas dos preguntas? —preguntó el joven de inmediato.

—Antes de llegar a eso, ¿por qué no comenzamos el viaje por el principio? —propuso el guía. Cuando el joven asintió, el guía le preguntó: —Al plantearte la búsqueda de una decisión mejor, ¿sabes qué es lo primero que tienes que hacer?

—No estoy seguro, —confesó el joven.

—Si no sabes qué hacer —continuó el guía—, ¿sabes al menos qué *no* hacer?

El joven estaba habitualmente tan ocupado haciendo tantas cosas, que no tenía tiempo para pensar en qué *no* hacer.

De repente, el guía se paró en seco.

El joven se detuvo junto a él.

—Simplemente debes dejar de hacer lo que estés haciendo —dijo el guía.

Luego sacó de su billetera un papel doblado y le mostró al joven una parte del mismo.

Tras leerlo y reflexionar sobre lo leído, el joven sacó de su mochila un pequeño diario rojo en el que anotó:

Para tomar una decisión mejor,
primero dejo de ejecutar
una decisión desafortunada.

—Si dejas de ejecutar una decisión errónea, creas un vacío que puedes llenar con algo mejor —dijo el guía entonces.

—Pero me temo que si abandono lo que tengo, no encontraré nada mejor —respondió el joven...

—Todos tememos eso —afirmó el guía—. Hace falta valor para abandonar lo conocido y confortable, pero en realidad, ese es un modo mucho más seguro y fiable de conseguir mejores resultados.

»Sólo cuando aquello que no te funciona queda definitivamente fuera de tu camino, te ves realmente libre para encontrar algo mejor. Y eso es lo que suele suceder, y además con bastante celeridad.

»Los chinos antiguos tenían un refrán para esa clase de sabiduría: «Si quieres una taza de té caliente, antes tendrás que vaciar tu taza de té frío». Verter té caliente en una taza llena de té frío, tiene como resultado que el té caliente no puede penetrar en la taza y se derrama sobre el plato.

—Ya veo —dijo el joven pausadamente—. Eso me recuerda a un amigo mío que trabajaba en el departamento de compras de una empresa, que evitaba prescindir de los servicios de un proveedor incompetente, que seguía sin cumplir satisfactoriamente después de varios avisos. Mi amigo no conocía a nadie que pudiera prestar mejor el servicio, de modo que, en lugar de ponerle remedio a lo que no funcionaba, continuó utilizando a ese mismo proveedor.

—¿Qué sucedió? —inquirió el guía.

—El proveedor siguió cometiendo errores —respondió el joven—, lo que le costó a la empresa de mi amigo tiempo y dinero. Lamento decir que, al final, fue mi amigo el que fue despedido por no hacer bien su trabajo.

—¿Por qué seguimos haciendo aquello que sabemos que no nos funciona? —preguntó el joven tras meditar unos instantes.

—Porque —respondió el guía—, a pesar de que eso resulta a menudo peligroso, nos sentimos más seguros si no cambiamos lo conocido. A la larga, lo ineficaz pero conocido acaba por ser aceptado. Es algo que podemos comprobar en las organizaciones.

—¿Puedes darme un ejemplo?

—Claro. Hace algunos años, el ejército estadounidense quería conseguir una mayor cadencia en el tiro de artillería, de modo que contrató a un consultor para que estudiara la cuestión. El experto pudo constatar sobre el terreno que los soldados se apartaban del cañón y esperaban unos tres segundos antes de disparar.

—Cuando les preguntó por la razón, le replicaron que seguían las instrucciones del manual del ejército. Estudiando los manuales militares, el consultor descubrió que el origen de aquellas instrucciones se remontaba a la Guerra Civil norteamericana, cuando se ordenaba a los soldados que se apartaran antes de cada disparo para sujetar la cabeza de los caballos de tiro de cada cañón, de lo contrario éstos saltarían desviando del blanco la trayectoria del proyectil.

El joven se sonrió, imaginando a unos soldados retirándose para agarrar por la brida a unos caballos inexistentes desde tiempo atrás.

El guía y el joven atravesaron un pequeño arroyo. El guía echó una ojeada a su brújula.

—Cuando los soldados se dieron cuenta de aquello cambiaron de comportamiento —prosiguió luego—. Pero, ¿cuántos de nosotros no seguimos aferrándonos a algo parecido sin darnos cuenta de ello?

—¿Puedo hablarte de las decisiones que necesito tomar, tanto en el trabajo como en casa? —le preguntó el joven.

—No —respondió de inmediato el guía—. No pretendo ser grosero, pero tus decisiones tienen que ser *tuyas*, no mías. Lo mejor será que elijas alguna de esas decisiones que tienes que tomar y que pongas en práctica con ella lo que aprendas este fin de semana. Entonces podrás determinar si eso te funciona o no.

»Si lo haces, probablemente descubras que bien pronto podrás tomar tus propias decisiones mejores.

»Si quisieras ir hacia el Oeste y de repente te dieras cuenta de que estás yendo hacia el Este, ¿qué harías? —preguntó el guía al joven.

—Bueno, tan pronto como me percatara de que voy en sentido contrario, me daría la vuelta.

—Naturalmente —asintió el guía—. Tomar decisiones mejores implica ir en una dirección mejor. Y para orientarte, ¿prefieres fiarte de los demás, o disponer de un buen mapa del que te puedas fiar?

—Prefiero tener mi propio buen mapa —no dudó en responder el joven—. Recuerdo haber leído el comentario de Churchill: «Estoy siempre dispuesto a aprender, aunque no siempre me gusta que me enseñen».

—A mí me pasa lo mismo —dijo el guía sonriendo—. Encontrar uno mismo un modo mejor de hacer las cosas constituye un reto, pero todos podemos hacerlo utilizando el Sistema «Sí» o «No».

—¿Cómo puedo saber si me funcionará? —preguntó el joven.

—¿Por qué no lo utilizas y juzgas por ti mismo?

»Habla con los demás en La Excursión. A pesar de que proceden de distintos países, todos tienen algo en común: utilizan el sistema con éxito.

»Mientras tanto, puedes comenzar con este inventario —concluyó, entregándole al joven un sobre. Luego apretó el paso—. Estamos retrasado. Sólo disponemos de un fin de semana, de modo que será mejor que nos apresuremos —dijo por encima del hombro, esperando que el joven le siguiera.

Más tarde se detuvieron a descansar unos instantes, momento que el joven aprovechó para consultar el contenido del sobre:

Tomar una decisión mejor
Inventario confidencial de cinco minutos

Decisión personal o profesional:
¿Cuál es para mí el problema, alguna situación personal o profesional que desee mejorar?

Mi decisión inicial es:
(Aquí escribo ahora mi decisión inicial)
— No hacer nada de momento.
— Sé que haré algo, pero no estoy seguro de qué ni de cuándo.
— Tal vez haga lo siguiente:

Mi decisión mejor es:
(Aquí escribiré al final de La Excursión)

Un sistema fiable

Cuando el guía y el joven llegaron al campamento se unieron al resto de excursionistas, e intercambiaron saludos con dos mujeres y cinco hombres procedentes de Australia, Brasil, Alemania, Japón y los Estados Unidos.

Uno de los participantes había confeccionado gorras para todos, con una leyenda que rezaba «Sí» o «No» y, en letra más pequeña, «decisiones... decisiones... decisiones». El joven comenzó a pensar que, después de todo, tal vez no lo pasaría tan mal.

Durante el almuerzo de bocadillos y manzanas, regado con el agua fresca de un arroyo cercano, los miembros del grupo siguieron hablando de La Excursión. «¿Así que vamos a subir por la cara norte de la montaña?» «Y si encontramos hielo por ese lado, ¿qué otras alternativas tenemos?»

—¿Queremos que sea una ascensión de verdad, o más bien un paseo meditativo? —preguntó alguien.

Al cabo de un rato habían tomado sus decisiones. Subirían aquella tarde por el sendero suave del este, descansarían al ponerse el sol, seguirían ascendiendo después de anochecer y acamparían a medio camino para pasar el resto de la noche.

Luego dedicarían todo el sábado a la mitad más dura de la ascensión, disfrutarían de un buen fuego la noche del sábado y comenzarían a descender el domingo, tras una reunión al amanecer en la cima de la montaña.

—Para tratarse de un grupo de personas tan decididas, hay que ver la cantidad de preguntas que plantean —observó el joven—. ¿A qué se debe eso? —preguntó.

—Están poniendo en práctica la primera mitad del Sistema «Sí» o «No» —le informó el guía.

—¿Puedes decir algo más sobre eso? —insistió el joven.

—¡Claro! El Sistema «Sí» o «No» consiste en un viaje en dos etapas para llegar a una decisión mejor. Para alcanzar ese objetivo, examinamos las dos caras de la decisión formulándonos dos preguntas, una práctica y otra de orden privado, y luego tomamos la decisión.

—Las preguntas que acabas de escuchar no son más que variantes de la pregunta práctica —añadió el guía.

—¿Y cómo funciona ese sistema?

—Primero tomamos una decisión inicial según el modo habitual. Luego nos formulamos una pregunta relacionada con la cabeza y otra relacionada con el corazón, nos escuchamos a nosotros mismos y escuchamos a los demás y, finalmente, tomamos la mejor decisión y actuamos de acuerdo con ella.

—¿Y funciona realmente? —siguió preguntando el joven.

—Sí. Mi primer jefe me lo dio a conocer hace ya bastantes años. Necesitaba que todos nosotros fuésemos capaces de tomar decisiones por nosotros mismos, sin necesidad de consultarle continuamente. Cuando finalmente nos habló de ello, descubrimos que casi todos utilizábamos la cabeza o el corazón para tomar decisiones, pero raramente ambas cosas a la vez, de modo que nos enseñó a utilizar el Sistema «Sí» o «No» para tomar decisiones mejores. Lo pusimos en práctica y comprobamos que funcionaba.

—¿Qué sucedió? —quiso saber el joven.

—Muchos de nosotros comenzamos a tomar decisiones mejores y la rentabilidad de la empresa aumentó. Fuimos ascendidos y recibimos pagas extras. Pero para mí, lo más importante fue haber aprendido algo que me ha ayudado a ser más feliz y a tener más éxito.

El joven quería saber a qué se refería.

—A esto —respondió el guía, mostrándole otra parte de la misma cuartilla doblada que guardaba en su billetera. En ella se podía leer:

Evito la indecisión y las medias decisiones
basadas en medias verdades.
Utilizo ambas partes de un sistema fiable
para tomar decisiones mejores de forma
constante:
con cabeza fría y corazón caliente.

UTILIZO MI CABEZA

formulándome una pregunta práctica

y

CONSULTO MI CORAZÓN

formulándome una pregunta de índole privada.
Luego, tras haberme escuchado a mí mismo y a
los demás,
tomo un decisión mejor y actúo de acuerdo con
ella.

—La clave del éxito consiste en utilizar un sistema fiable —señaló el guía—, porque el sistema produce resultados mejores de forma constante, incluso aunque de vez en cuando se cometan errores. Un error no es nunca un defecto de la persona, sino del sistema de pensamiento que está utilizando.

—Eso me recuerda las palabras de W. E. Deming, el hombre a cuyo sistema muchos atribuyen la prosperidad económica del Japón —comentó el joven—. Dijo: «El ochenta y cinco por ciento del fracaso se debe al sistema».

—Estoy de acuerdo con él, —respondió el guía. Sacó un frasco de loción bronceadora, se aplicó un poco en la cara y se lo ofreció a su interlocutor. A la sombra de un gran pino, protegidos del sol, siguieron departiendo.

—El Sistema «Sí» o «No» —prosiguió el guía—, ayuda a las personas a observar a qué dicen «Sí» y a qué dicen «No».

—Estoy comenzando a darme cuenta —reflexionó el joven—, de que donde me encuentro en mi vida es, en gran medida, el resultado de todas las elecciones que he ido haciendo a lo largo de ella. Realmente, creo que podría utilizar un sistema mejor —concluyó sonriendo.

—Creo que todos podríamos —comentó el guía sonriendo a su vez—. En el mundo cambiante de nuestros días, todos necesitamos tomar mejores decisiones más rápido simplemente para sobrevivir. Excuso decirte para prosperar. Y cuando mejor sea el sistema, más fácil será evitar los errores y lograr mejores resultados de forma constante.

»Es como una cadena de restaurantes exitosa —añadió luego—, cuyo sistema de comida rápida permite que una gran variedad de empleados consigan constantemente los mismos resultados, en cuanto a los sabores en los que el cliente confía y que espera encontrar.

»De forma parecida, nuestro empleados que utilizaron el Sistema «Sí» o «No» comenzaron a cometer menos errores y a obtener mejores resultados con ello. Pero la clave está en usarlo.

—¿Cómo puedo utilizarlo? —preguntó el joven.

—De varias maneras —respondió el guía—. Después de haber tomado una decisión inicial, puedes tomar otra mejor utilizando tu cabeza o consultando tu corazón, en el orden que prefieras. Las preguntas relacionadas tanto con lo uno como con lo otro contienen tres ideas. Probablemente te darás cuenta de que una o dos de esas ideas son las que te resultan más útiles. Esas van a ser las áreas a las que necesitas prestar más atención en determinada situación, o en determinada etapa de tu vida.

»Una vez que ya has aprendido el Sistema, éste se convierte en un ciclo mental en el que puedes entrar por cualquier punto. Esencialmente, puedes comenzar con cualquier pregunta, en cualquier orden, a condición de que utilices *ambas* partes del Sistema para alcanzar la decisión mejor.

—¿Cuánto tiempo suele hacer falta para eso? —inquirió el joven.

—Depende de la importancia que la decisión tenga para ti y de lo claras que tengas las cosas. Puedes centrarte en una parte de una de las preguntas, lo que te ayudará a tomar una decisión mejor en pocos minutos. O puedes dedicarle más tiempo, plantearte las tres partes de cada pregunta y llegar así a una decisión aún mejor.

—Me temo que no siempre he estado dispuesto a dedicarle a eso el tiempo necesario —observó el joven tras reflexionar.

—Eso nos sucede a la mayoría —le reconfortó el guía—, pero cuanto más a menudo te planteas las preguntas de cabeza y corazón, más rápido y más fácil se vuelve el proceso. Luego acaba convirtiéndose en una costumbre. No hace falta demasiado tiempo.

—¿Y cuáles son esas preguntas? —preguntó el joven.

—Pregúntaselas a los otros miembros del

grupo durante La Excursión —le contestó el guía—. Pídeles que te cuenten sus propias experiencias personales con ellas. Luego —le sugirió—, elige una decisión que necesites tomar y formúlate realmente las dos preguntas. Tal vez te des cuenta más tarde de que has tomado tus propias decisiones mejores. Sé paciente al principio —le previno—. Tal vez te parezca que la mitad del sistema es ya conocido para ti, o que puedes prescindir de él. Pero si cruzas a uno y otro lado del «puente» experimentarás las dos mitades de ti mismo y podrás encontrar lo que buscas. Estarás en condiciones de tomar mejores decisiones, a nivel individual o como miembro de algún equipo del que formes parte, en casa o en el trabajo.

»No olvides nunca emplear *ambas* partes del sistema. Una no puede funcionar sin la otra —le previno el guía…

Más tarde, mientras iban ascendiendo por la pendiente suave, el joven observó que el guía estaba consultando el papel de su billetera, completamente desplegado.

—¿Puedo preguntarte qué estás haciendo?

—Por supuesto. Es mi Mapa «Sí» o «No». Muchos de nosotros nos hemos preparado un resumen de las ideas y de las preguntas del Sistema «Sí» o «No», que llamamos «El Mapa». Lo consulto cuando quiero tomar rápidamente una decisión mejor. La belleza del Mapa me recuerda el modo de conseguirlo.

—¿Puedo echarle un vistazo? —preguntó el joven.

—Te conviene más aprender a confeccionarte tu propio Mapa mientras estás en La Excursión. Así te resultará mucho más útil.

De repente, el guía dio un salto al escuchar un ruido en la maleza.

—¡Apártate de esa serpiente! —conminó al joven— Es venenosa.

El joven quedó perplejo ante la rapidez con la que el guía había advertido la presencia de la serpiente. Se dijo a sí mismo que, a partir de ese momento, prestaría más atención en dónde ponía los pies durante aquel fin de semana.

El guía le animó a unirse al resto del grupo y se sumió en sus propios pensamientos.

Utiliza la cabeza

La necesidad real

Cuando el grupo comenzaba la ascensión de la montaña, el joven se encontraba junto a Franklin Neal, un hombretón algo rudo oriundo de Chicago.

Neal era presidente ejecutivo de una gran corporación y miembro importante de otros consejos de administración. Conocía el Mapa desde hacía años y lo había estado utilizando con éxito desde entonces.

Le ofreció la mano al joven, diciéndole, «Llámame Frank». Luego prosiguió la marcha, con la mirada fija en el camino. El joven tuvo la impresión de que aquel hombre no tenía por costumbre invitar a los demás a que le llamaran por su nombre propio.

—¿Va a ser esta conversación sobre decisiones una pérdida de tiempo para ambos, o piensas utilizar *realmente* lo que aprendas? —le preguntó el hombre.

—Voy a utilizar lo que aprenda aquí para

una decisión real que tengo que tomar —respondió el joven—. Para ser exacto, el guía me habló de dos preguntas que me tengo que formular a mí mismo para tomar decisiones mejores. ¿Cuáles son?

—Utiliza la cabeza —le respondió Frank— para formularte la primera pregunta:

«¿Estoy atendiendo a la necesidad real, me estoy informando de las opciones disponibles, lo estoy pensando a fondo?»

—Hazlo ahora —le sugirió Frank—. ¿Lo estás haciendo?

—Más o menos —respondió el joven.

—Jovencito —tronó el otro—. ¿No te parece que te resultaría de más ayuda responder con un «Sí» o un «No»?

—Tal vez —dijo el joven sonriendo y poniéndose la gorra del revés tras vencer el sobresalto inicial.

Frank soltó una sonora carcajada y aquello rompió el hielo. Sabía que el joven estaba indeciso y un poco a la defensiva, pero apreciaba su sentido del humor.

—Tal vez esa sea una gran no decisión —dijo finalmente—. Detente a pensar en las tres ideas implícitas en esta primera pregunta: atender a una necesidad real, informarte acerca de las opciones disponibles y reflexionar sobre el asunto. Comencemos por la primera: *¿Estás atendiendo a una necesidad real?*

El joven se relajó. Tal vez responder con un «Sí» o un «No» le ayudaría a pensar con mayor claridad.

—No —respondió con sinceridad tras unos instantes de reflexión.

—Estupendo —dijo Frank—. Tan pronto como respondes «No» a una de esas preguntas puedes prestarle más atención, lo que te permite luego llegar a una decisión mejor.

—¿Y a qué debo prestar más atención? —preguntó el joven.

—La mayoría nos ponemos en marcha para conseguir lo que *queremos*. Y eso suele suceder porque desconocemos lo que *necesitamos*. De modo que nos ponemos en marcha en la dirección equivocada.

El joven parpadeó, recordando el modo en que se había adentrado esa misma mañana por el camino equivocado.

—¿Y cómo puedo saber cuál es la necesidad real? —preguntó.

—Puedes comenzar preguntándote, «¿Es eso algo que *realmente necesito*, o algo que *simplemente deseo?*» —le respondió Frank.

—¿Y cuál es la diferencia? —siguió preguntando el joven.

—Un *deseo* es una apetencia, una *necesidad* es una exigencia —observó el hombre—. El deseo es meramente una distracción atractiva, que tal vez persigamos pero que luego veremos que no nos llena. Incluso cuando obtenemos lo que deseamos, a menudo nos quedamos con más sensación de deseo. La necesidad, en cambio, es algo básico y nutritivo. Una necesidad es lo que la situación requiere. Por ejemplo, deseamos mermelada pero necesitamos pan. La mermelada sabe bien, pero no nos nutre.

—Todo eso me parece muy elemental —protestó el joven—. Supongo que debe resultar útil para principiantes.

—¿Te parezco un principiante? —replicó Frank—. El problema con la mayoría de personas es que tienden a olvidarse de utilizar los principios básicos que funcionan.

—Las personas realmente exitosas persiguen aquello que realmente *necesitan* —prosiguió Frank tras una pausa—. Tal vez deseemos una casa de película, pero lo que *necesitamos* es un hogar con afecto. Cuando perseguimos aquello que deseamos, a menudo perdemos lo que realmente necesitamos. Eso es algo que *sé* por experiencia propia. Si quieres ser eficaz, atiende primero a lo primero. Busca primero tu «hogar» y luego tu «casa». Después, y sólo después de que hayas hecho lo necesario podrás hacer lo que deseas.

El joven reflexionó sobre la diferencia entre sus necesidades y sus deseos, tanto en lo privado como en lo profesional, y se preguntó qué iba a hacer al respecto en el futuro.

Evocó algunos ejemplos del pensamiento a corto plazo de algunos estadounidenses en la década de 1980, cuando los japoneses habían adquirido buena parte de las empresas y las propiedades estadounidenses. Los estadounidenses habían obtenido lo que deseaban: beneficios sustanciosos y rápidos.

Pero los japoneses habían logrado lo que necesitaban: inversiones y activos a largo plazo.

Entonces se preguntó si estaba persiguiendo lo que deseaba, o lo que realmente necesitaba.

—La clave del éxito estriba en centrarse en la necesidad real —insinuó Frank—. Centrarse significa visualizar únicamente los resultados que realmente necesitas y centrar la atención en esos resultados, con tanta claridad y con tanto detalle, que te puedas ver a ti mismo alcanzándolos ya.

El joven dirigió la mirada al cielo y vio un retazo de pálida Luna.

—Recuerdo —dijo— haber visto un vídeo de principios de la década de 1960 en el que el presidente estadounidense afirmaba: «Enviaremos un hombre a la Luna y lo haremos regresar sano y salvo a la Tierra antes de que esta década acabe».

—¿Qué te ha hecho pensar en eso? —preguntó Frank.

—Creo que se trata de un buen ejemplo de centrarse en la verdadera *necesidad*, porque el presidente anticipó lo realmente necesario, incluida la seguridad.

—Tal vez *deseara* enviar un hombre en la Luna *pronto*, pero la verdadera *necesidad* consistía en enviar hombres en la Luna y hacerlos regresar *sanos y salvos* —dijo Frank asintiendo.

—Efectivamente, lo contrario hubiera dado al traste con todo el programa espacial —señaló el joven—. Y el hecho de haber anunciado que lo haría antes del final de la década, le confería al asunto cierto sentido de urgencia.

—¿Sabes qué ocurrió? —preguntó Frank.

—Sí, los Estados Unidos de América enviaron hombres a la Luna en 1969, al final de la década, y regresaron indemnes a la Tierra. Recuerdo haber visto imágenes de la cápsula *Apolo* amerizando sin problemas en el océano.

—Y cuando recuerdas esas escenas ¿qué te dicen acerca de centrarse en la necesidad real? —preguntó Frank.

—Comienzo a darme cuenta de que cuando te centras en la necesidad real y dices «No» a todo lo demás, obtienes mejores resultados —respondió el joven.

—Bien —contestó Frank—. ¿No te parece que escribir con todos los detalles los resultados que necesitas, y consultarlos a menudo, te ayudaría a centrarte?

—Si —respondió el joven. De modo que se detuvo y anotó en su diario los resultados que necesitaba lograr.

—Así pues —añadió tras reflexionar sobre su decisión—, centrarse equivale a experimentar los resultados deseados con tanta claridad que no te permita distraerte con nada más.

—Te centras diciendo «No» a cualquier cosa que no te ayude a satisfacer la necesidad real, y diciendo «Sí» únicamente a lo que contribuye a satisfacerla —observó Frank asintiendo.

—¿Cómo lograré alcanzar esa capacidad de decisión?

—Para conseguirlo —respondió Frank—, hay que distinguir claramente cuál es la necesidad real, para así poder juzgar rápidamente si determinada decisión va a apoyar o a socavar aquello que uno necesita. Siguiendo con tu ejemplo espacial, imagina que un ingeniero le propusiera a su jefe un modo de poner un hombre en la

Luna que tardara al menos quince años en implementarse. ¿Qué crees que le respondería un jefe que estuviera al corriente de lo realmente necesario? ¿«Sí» o «No»?

El joven sabía automáticamente la respuesta.

—Si la necesidad real consiste en poner un hombre en la Luna y hacerlo regresar indemne antes del final de la década, cualquier cosa que precisara de un plazo superior a diez años estaría descartada, de modo que un jefe que se centrara exclusivamente en la necesidad real respondería sin dudar que «No». Tal vez la idea fuera excelente, pero «No» la llevaría a cabo.

—Exacto —respondió Frank—. ¿Te das cuenta de lo mucho más fácil que resulta tomar decisiones mejores cuando te centras únicamente en la necesidad real?

—Creo que comienzo a percatarme de ello —contestó el joven.

—Ahí va otro ejemplo —prosiguió Frank—. ¿Qué respuesta obtendría otro ingeniero que propusiera una idea para llevar al hombre a la Luna en tres años, pero con riesgo grave para su integridad?

—Un responsable centrado en la necesidad real respondería «No» a causa de los riesgos —respondió el joven sin el menor atisbo de duda.

La necesidad real

—¿Te das cuenta de hasta qué punto tu capacidad para decidir depende de lo claro que veas la necesidad real? —señaló Frank.

—Todo esto es de gran ayuda —reflexionó el joven.

—La dirección del programa espacial lo sabía muy bien —prosiguió Frank—. Nadie había ido antes al espacio, de modo que era importante recoger toda la información posible y utilizar la imaginación para centrarse en lo necesario. Aquello se convirtió en una visión centrada, que los responsables del programa siguieron con determinación.

—He visto películas de animación que mostraban a los astronautas cómo iba a ser su experiencia, con la cápsula dando vueltas y todo eso, antes de que la vivieran realmente —comentó el joven.

—Por supuesto —admitió Frank—. Cuanto más claro puedas ver los resultados que necesitas obtener al final del proceso, más fácil te resultará manejar lo que te suceda a lo largo del camino.

Ambos se detuvieron para beber agua de sus cantimploras. El joven aprovechó la pausa para sacar su diario y escribir un recordatorio en él:

*Cuando persigo
exclusivamente la necesidad real,
mi capacidad para decidir es superior
y tomo decisiones mejores
más pronto.*

—Queremos muchas cosas —señaló Frank—, pero necesitamos muy pocas. Cuando enfocamos la decisión únicamente hacia lo que necesitamos realmente —es decir, hacia aquello que nos hace sentir realmente exitosos— decidir se vuelve mucho más fácil. Por ejemplo, soy viudo y hago yo mismo las compras. Para poner un ejemplo muy simple, al ir de compras el día después de mi primera Excursión, puse en práctica lo que había aprendido en ella preguntándome rápidamente, «¿Sólo quiero esto o lo necesito realmente?» Pude comprobar que esa pregunta me funcionaba. Volví a casa con comida más sana y más sabrosa. Ahora comer sano se ha vuelto un hábito para mí, y me siento mucho mejor.

—¿Cómo puedo discernir entre lo que quiero y lo que necesito? —preguntó el joven.

—Existe un modo práctico de hacerlo —respondió Frank—. Para averiguar qué es lo que simplemente *deseas* pregúntate: «¿Qué es lo que me gustaría poder *hacer*?» Para descubrir lo que realmente *necesitas* pregúntate: «Mirando retrospectivamente, ¿qué es lo que me gustaría *haber hecho*?» En el supermercado, por ejemplo, me pregunté: «Pasado algún tiempo, ¿qué me gustaría haber comido?»

—Eso ayuda —opinó el joven—. Suelo darme cuenta de la diferencia entre lo que quiero y lo que necesito cuando finalmente consigo lo que quería y no me funciona tan bien como yo esperaba.

—Demasiadas personas hacen lo mismo en los negocios —aseguró Frank—. Hacen lo que quieren en lugar de lo necesario, perjudicándose a sí mismas y a su organización. Cuantas más personas tengo en mi organización que buscan satisfacer las necesidades reales, más prosperamos todos. Tanto como miembros de una organización, o como individuos tratando con nuestra propia vida —añadió-, todos podemos beneficiarnos de la pregunta, «*¿Estoy atendiendo a la necesidad real?*»

—Estoy comenzando a ver lo importante que es —respondió el joven.

Luego habló del caso de un amigo que había fracasado como editor en una editorial. Explicó que su amigo había firmado contratos con profesores universitarios que escribían para un mercado restringido, con lo que las ventas habían sido escasas.

Fracasó porque fue en busca únicamente de lo que quería, *prestigio*, a costa de lo que también necesitaba, *beneficios* para poder costear toda clase de libros.

—¿Puedes imaginarte la cantidad de decisiones que tu amigo tuvo que tomar para determinar qué profesor iba a escribir qué libro? —intervino Frank—. ¿Eran todas esas decisiones realmente necesarias?

El joven se dio cuenta de que no lo eran, puesto que no atendían a la verdadera necesidad: mantenerse en el negocio y pagar las facturas, incluyendo el sueldo del propio editor, publicando tanto libros de prestigio *como* libros rentables.

Entonces se dio cuenta de que, probablemente, muchas de las decisiones que él mismo tomaba en su trabajo eran innecesarias. Resolvió centrarse en la verdadera necesidad de la organización de la que formaba parte. Podía contribuir a la prosperidad de la empresa y de sí mismo con mucho menos esfuerzo inútil. Trabajando con mayor eficacia, incluso podría irse a casa antes.

De hecho ya estaba eliminando algunas de sus decisiones, porque se daba cuenta de que no eran realmente necesarias. Ahora podría concentrarse en la necesidad real para tomar las decisiones más importantes.

Reflexionó sobre la decisión que necesitaba tomar.

—No te distraigas tratando de cazar el primer conejo que se te cruce en el camino —dijo Frank—. Probablemente te tiente hacerlo. Descubre qué es lo realmente necesario y persigue la necesidad real hasta que la satisfagas —y añadió—: Siempre acabas llegando a un sitio mejor si persigues la necesidad real desde el principio.

El joven recordó entonces lo que los excursionistas habían preguntado antes de ponerse en marcha. Durante el almuerzo alguien había inquirido: «¿Queremos que sea una ascensión de verdad, o más bien un paseo meditativo?» Observó que habían optado por la segunda opción y decidido subir la montaña por el sendero suave del Este, a sabiendas de que lo que necesitaban era un fin de semana tranquilo para *reflexionar* sobre sus decisiones.

—Preguntándote «¿*Estoy atendiendo a la necesidad real?*» llegas pronto a una decisión mejor —insistió Frank.

Ambos guardaron silencio, absortos en sus propios pensamientos. Analizar con el joven la primera parte de la pregunta práctica había estimulado a Frank a pensar más acerca de sí mismo. Mirando a lo lejos, hacia el paisaje montañoso, reflexionó sobre lo que realmente necesitaba hacer.

Ambos parecían haberse puesto tácitamente de acuerdo en seguir ascendiendo en silencio y por separado.

El joven, por su parte, reflexionaba sobre cómo iba a aplicar lo que acababa de aprender. ¿Cuál era la necesidad real de la decisión que tenía que tomar? Si pudiera hacer tan sólo una cosa bien, ¿cuál debería de ser?

Pensando en la decisión que tenía que tomar se planteó de nuevo la misma pregunta: «*¿Estoy atendiendo a la necesidad real, me estoy informando de las opciones disponibles, lo estoy pensando a fondo?*»

Sabía que esa primera pregunta tenía otras dos partes, y se preguntaba en qué consistirían éstas. También sabía que los demás excursionistas se estaban planteando la misma pregunta que él.

Al cabo de un rato, ambos hombres se detuvieron a descansar a la sombra de un árbol. El joven sacó su diario rojo y anotó en él un resumen de lo que quería recordar... y *utilizar*:

Atender a la Necesidad Real: Resumen

Perseguir la necesidad real desde el principio
consigue mejores resultados al final.
Eso implica tanto _visionar_ primero los resultados
necesarios con tal lujo de detalles que ya me pueda
sentir como si los hubiera alcanzado, como _hacer_
luego únicamente lo que se corresponda con la
necesidad real.
Los deseos son anhelos, las necesidades son
exigencias. Las necesidades son esenciales para el
éxito y la plenitud.
Para descubrir lo que meramente quiero me
pregunto, «¿Qué quisiera _hacer_ ahora?» Para
determinar lo realmente necesario me pregunto,
«¿Qué quisiera _haber hecho_?»

¿Qué es lo que necesito realmente de esta decisión?
¿Qué es lo realmente necesario para que los demás
y yo mismo nos sintamos exitosos y satisfechos?
¿Está mi visión claramente centrada en los

resultados necesarios? ¿Estoy diciendo «Sí»
únicamente a lo que cumple con la necesidad real, y
«No» a todo lo demás?
¿Estoy atendiendo a la necesidad real?

Utilizo la cabeza para formularme una pregunta
práctica:
«¿Estoy atendiendo a la necesidad real, me estoy
informando de las opciones disponibles, lo estoy
pensando a fondo?»

Sí __ o No __

Alternativas informadas

Viernes, última hora de la tarde

Más adelante, aquella misma tarde, Frank le presentó al joven a Hiro Tanaka, uno de los excursionistas más poderosos del grupo. Aquel hombre de negocios exitoso era el propietario de una empresa manufacturera de tamaño mediano en Tokio.

Mientras atravesaban juntos un área rocosa y yerma, Frank le explicó a Hiro que el joven ya se había formulado la primera parte de la pregunta práctica.

—Si tengo que plantearme cada una de las partes de la primera pregunta y luego la segunda, ¿no voy a tardar mucho en tomar una decisión? —les preguntó el joven

Frank sonrió y, con un gesto de la mano, se despidió del joven y de Hiro y se separó de ambos.

Hiro, que vestía con ropa de color caqui, habló quedamente y con precisión.

—Lo que sugieres es cierto, pero como decimos en Japón, «Cuanto más despacio voy, antes llego». La traducción moderna —añadió riéndose— sería: «Se tarda menos en tomar una buena decisión que en corregir otra mala».

El joven dio un respingo, recordando su propia experiencia de aquella misma mañana. Comenzaba a darse cuenta de que, para comenzar, necesitaba darse el tiempo necesario para tomar una decisión mejor.

—¿Estás preparado para estudiar la segunda parte de la pregunta práctica, *«Estoy atendiendo a la necesidad real, me estoy informando de las opciones disponibles, lo estoy pensando a fondo»*? —le preguntó Hiro.

—¿Qué opciones tengo? —preguntó el joven con una mueca.

Hiro se rió.

—Una de las opciones que tienes —respondió— es darte cuenta de que habitualmente *tienes* opciones. A menudo tienes varias a tu alcance, pero tienes que ser consciente de ellas. Cada vez que te sorprendas diciéndote, «No tengo elección» —sugirió—, ríete de ti mismo y recuérdate que, simplemente, aún no eres *consciente* de las opciones con que cuentas. En nuestras mentes paralizadas por el miedo pensamos a veces que no tenemos donde elegir. Eso es raramente cierto, o nunca. No es más que un síntoma del temor que nos ha paralizado.

—Pero si no eres consciente de tus opciones, es como si no las tuvieses —argumentó el joven.

—Cuando eso es así —respondió Hiro—, es que ha llegado el momento de ser *consciente* de las opciones disponibles.

—¿Y eso cómo se logra? —insistió el joven.

—Puedes comenzar formulando preguntas y reuniendo la información necesaria. Información «necesaria» es únicamente aquello que realmente necesitas saber para tomar una decisión mejor. Todo lo demás es información ajena. Al recopilar información, no debes dejar de lado aquello que no deseas oír, de lo contrario nunca conseguirás ser plenamente consciente de todas tus opciones reales y te quedarás en la ilusión.

—¿Cómo puedo evitar eso? —inquirió el joven.

—Un buen modo de reunir toda la información necesaria consiste en basarte en tus propias observaciones realistas —respondió Hiro—. Por ejemplo, supongamos que tienes que buscar un emplazamiento para un vivero de plantas. Finalmente das con uno que parece cumplir los requisitos, a condición de que esté abrigado del viento. Preguntas al agente inmobiliario que, por supuesto, te asegura de que lo está. Pero

¿cómo puedes determinarlo por ti mismo con rapidez?

El joven guardó silencio, pensando en la respuesta.

—¿Qué tal si ves algunos árboles en el lugar? —sugirió Hiro.

Al joven se le iluminó el rostro.

—Podría mirar si están inclinados por el viento.

—Exacto —respondió Hiro—. ¿En qué vas a confiar más, en las palabras de otro o en tus propios ojos?

El joven recordó entonces una ocasión en que sus propias observaciones le habían funcionado. Había elegido su primer coche fijándose en los que veía por la calle para saber qué opciones tenía.

—Sería más prudente fiarme de mis propias observaciones —respondió sin dudar.

—Cierto. Y si quieres saber más, observa más —añadió Hiro.

El joven reflexionó sobre esta última observación.

—¿Hablar con personas observadoras me ayudaría también a ser más observador? —preguntó por fin.

—Sin duda —le respondió Hiro—. Habla con las personas con más experiencia que conozcas, que hayan recorrido todo el camino en ambas direcciones, y busca un patrón de observación en el que puedas confiar.

—¿Como hablar del Mapa con todos vosotros?

—Exacto. Habla con quien sientas que te puede guiar. Y escucha. Pero ten cuidado —le previno Hiro—. Nunca aceptes la visión de la realidad de otro. Corrobora tú mismo la información.

—Creo que comienzo a captar el mensaje —dijo el joven—. «Infórmate por tu cuenta».

—Sí. Y si obtienes de otros información que sepas que es crucial para tomar tu propia decisión, verifícala siempre —insistió Hiro.

El joven reflexionó sobre todo ello y sobre el viaje que estaba llevando a cabo. Se daba cuenta de que los excursionistas más experimentados, como el propio Hiro, eran independientes. Conocían el camino. Pero sabía que, si prestaba la debida atención, también él llegaría a estar en condiciones de recorrer su propio camino.

—Raramente conocerás tus opciones si te limitas a sentarte y a esperar que vengan a ti —sentenció Hiro.

—Eso es exactamente lo que hago a veces —confesó el joven—. Me pregunto por qué.

—Tal vez algún temor inconsciente te inmoviliza —apuntó Hiro—. El miedo nubla la visión. El peor caso que conozco se refleja en el comentario que escuché a un padre acongojado tras el suicidio de su hija de veinte años. Dijo: «Y pensar en todas las opciones que tenía pero que no veía».

Hiro se quedó en silencio unos instantes, como si sintiera en carne propia la desesperación de aquel infortunado padre.

—Lo más triste es que, la mayoría de veces, eso que nos asusta y nos paraliza ni siquiera es real. En cambio, cuando descubres lo que sí *es* real recopilando información, te das cuenta de las alternativas que siempre tuviste a tu alcance. Cuando consigues alguna información realista, que a menudo suele conducirte a más información, te sientes mucho mejor. Reuniendo simplemente información, cada vez eres menos ingenuo y estás más informado de manera más realista. Cada vez percibes una porción mayor de la realidad.

—¿Cuando crees que es más probable que te sientas desanimado, cuando crees que tienes opciones o cuando no lo crees? —le preguntó Hiro.

—Desde luego, cuando creo que no tengo elección. Ésa es la situación en la que me encuentro en mi trabajo —fue la respuesta del joven.

—¿Y dónde crees que es más probable que veas tus opciones reales? —siguió preguntándole Hiro—. ¿Aislado entre tus pensamientos, o reuniendo información del mundo real?

—Ya veo que tengo que salir de mi cáscara e informarme de mis opciones, ser más realista acerca de lo que realmente sucede —contestó el joven.

—Efectivamente —asintió IIiro—. Y te conviene recordar que la información es algo más que una mera colección de datos. Es también el modo en que la gente *siente* acerca de esos datos.

El joven se detuvo en seco. Cayó en la cuenta de que, además de sobre los simples hechos, necesitaba descubrir más acerca de los sentimientos de las personas. Se propuso firmemente llevarlo a cabo en el futuro.

—Cuando reúno información, es decir, datos y sentimientos ¿cómo puedo saber cuándo dispongo ya de suficiente como para tomar mi decisión mejor? —le preguntó a Hiro.

—Hay dos clases de información —contestó Hiro—: la que resulta agradable de recibir y la que necesitas realmente. Es probable que sientas que nunca llegas a tener toda la información que necesitas, pero pregúntate: «¿Tengo la información que necesito?» Recuerda que la información necesaria es exclusivamente aquella sin la cual no puedes tomar una decisión mejor. Por ejemplo —prosiguió—, para acampar esta noche necesitaremos explorar el terreno y asegurarnos de que disponemos de agua a nuestro alcance. Tomar una decisión desinformada aquí, en medio de la naturaleza, podría resultar peligroso.

El joven volvió a detenerse para escribir en su diario:

*A medida que reúno más y más información,
soy más consciente de las opciones de que dispongo.*

—Creo que no he estado utilizando mi cabeza, ni dedicando suficiente tiempo a reflexionar sobre mis opciones —confesó a Hiro.

—Ya has comenzado a hacerlo —señaló Hiro—, al preguntarte, «*¿Estoy atendiendo a la necesidad real, me estoy informando de las opciones disponibles, lo estoy pensando a fondo?*»

—¿Cómo descubro cuál es mi mejor opción? —preguntó con avidez de conocimiento el joven.

—¿Cómo te parece a *ti* que podrías? —le respondió Hiro con otra pregunta.

—Bueno, supongo que me podría preguntar a mí mismo: «¿Es ésta la opción que más me ayudará a satisfacer mi necesidad real?»

—Excelente —repuso Hiro—. Estás comenzando a atar cabos. Ahora, ¿recuerdas el primer paso para llegar a una decisión mejor?

—Si, detenerme. Cuando aún no sé decir «Sí» a un decisión mejor, puedo comenzar por decir «No» a otra desafortunada y abandonar lo que no me funciona. Incluso aunque de momento no conozca nada mejor, lo más probable es que el vacío que he creado sea ocupado por algo más productivo.

—Exacto —confirmó Hiro—. Cuando comenzaste por dejar de hacer aquello que no te servía y te uniste a nosotros en La Excursión, iniciaste el camino para encontrar un modo mejor. Una vez eliminada la desafortunada opción de seguir tomando decisiones según tu viejo estilo, incrementaste las probabilidades de encontrar algo mejor. Por ejemplo —prosiguió—, el año pasado, uno de los excursionistas estadounidenses me confesó que su trabajo se estaba resintiendo mucho por causa de su divorcio. Creía estar aún enamorado de su ex esposa, pero ella no estaba ya interesada en él. No sabía qué hacer. No tenía apetito, no conseguía dormir.

—¿*Estaba* realmente enamorado de ella? —interrumpió el joven.

—No lo sé, pero por el modo en que me dijo que la trataba, no parecía estarlo demasiado. Sea como fuere, el caso es que estaba convencido de que su única posibilidad de ser de nuevo feliz y productivo consistía en reunirse con ella. Como eso no era posible, estaba deprimido. Entonces sucedió algo interesante. Se percató de sus opciones.

—¿Cómo sucedió? —preguntó el joven.

—Me contó que un amigo suyo le había planteado preguntas que le habían ayudado a crearse imágenes mentales de sus opciones reales. El amigo le preguntó: «Cuando os casasteis, ¿erais felices tu esposa y tú?» «No», respondió él. «¿Crees que habéis cambiado tanto los dos?»

71

le preguntó el amigo. «No», tuvo que contestar. Entonces el otro le preguntó, «¿Y qué te hace pensar que serías realmente feliz con ella si la recuperases ahora? ¿No sería mejor que cambiaras tu actitud y luego encontraras a una mujer más compatible contigo?» El amigo le sugirió: «Imagina que has aprendido de tus errores pasados y que los has enmendado. Te vas de vacaciones en un crucero y encuentras a una mujer extraordinaria a la que le gustas. O te encuentras en un almuerzo de trabajo con una mujer que tiene todo eso que has estado buscando, la invitas a cenar y descubrís juntos algo mágico. O te apuntas a un club ciclista de fin de semana y te encuentras pedaleando junto a una mujer interesante, con la que coincides de nuevo en una partida de bridge y con la que desarrollas una espléndida relación. O imagina que...» —Hiro dejó deliberadamente la frase sin terminar, con todas las posibilidades abiertas a la imaginación del joven.

Éste se sonrió.

—Apuesto a que bien pronto se sintió mucho mejor.

—Sin duda —respondió Hiro—, porque todo eso era mucho más realista. Cuando dejó de lamentarse de su mala suerte y a sopesar lo real de otras muchas posibilidades, se dio cuenta de que podía explotar una serie de opciones alternativas. Hacerlo estaba en sus manos. Lo cierto es que todas esas opciones y muchas más siempre habían estado allí. Simplemente no se había percatado de ellas.

El joven pensó de nuevo en la decisión que necesitaba tomar.

—Así pues, el problema no consiste en que *no tengamos* opciones sino en que no somos *conscientes* de las opciones que tenemos —observó—. Simplemente, aún no las vemos. ¿Cómo podría ese divorciado haberse percatado antes de sus opciones?

—Bueno, sé que puedo percatarme de mis opciones si reúno por mí mismo la información necesaria, de modo que supongo que él podría haber hecho lo mismo, buscar más información.

—Cierto —dijo Hiro-. Así pues, ¿cómo podría haber descubierto sus opciones reuniendo información?

—Supongo —dijo el joven— que podría haber averiguado si había clubs de ciclismo cerca, o asociaciones de contactos, o...

—Efectivamente —afirmó Hiro—, podía haber buscado información aunque no quisiera hacerlo. Necesitaba saber más. ¿Qué opinas ahora de eso de «A veces no hay elección»?

—No me había dado cuenta de la cantidad de opciones disponibles —respondió el joven—.

Ni de que reunir información pudiera ayudarme a ver mejor mis opciones.

—Me acabo de acordar de una anécdota sobre Henry Ford y la importancia de reunir información antes de tomar una decisión —añadió a continuación—. Ford se llevó a tres gerentes regionales a cenar, de entre los cuales eligió enseguida a uno para el puesto de gerente nacional. Cuando más tarde el elegido le preguntó los motivos de su decisión, Ford le replicó: «Los tres teníais excelentes índices de ventas, pero tú fuiste el único que probó la comida antes de añadirle sal. Me gusta tener un gerente que se informa antes de tomar una decisión».

El joven se sonrió, recordando que no siempre había reunido la información necesaria antes de decidir. Nunca sabría qué oportunidades habría dejado escapar con ello. Le dio las gracias a Hiro y siguió el camino en solitario para reflexionar.

Un poco más adelante se sentó sobre un tronco y anotó varias ideas en su diario rojo:

Informarme de las opciones: Resumen

En primer lugar, me doy cuenta de que probablemente hay varias opciones de las que no soy consciente.

A medida que voy reuniendo información, soy cada vez más consciente de mis opciones.

Elijo entre ellas la opción que satisface la necesidad real.

La información es un conjunto de datos y sentimientos, es decir, lo que es realmente más lo que las personas sienten acerca de ello.

Reúno la información necesaria. La observo directamente o, si alguien me la da, la verifico personalmente.

¿Dispongo de la información que necesito? ¿Quién la tiene? ¿Dónde está? ¿Cuál es el mejor modo de obtenerla? ¿La he verificado por mí mismo?

A medida que voy reuniendo la información necesaria,
¿me voy dando cuenta de cuáles son mis opciones?
¿Me estoy informando sobre cuáles son las opciones
disponibles?

Utilizo la cabeza para formularme una pregunta
práctica:
«¿Estoy atendiendo a la necesidad real, me estoy
informando de las opciones disponibles, lo estoy
pensando a fondo?»
Sí __ o No __

Piénsalo a fondo

Aquella noche, tras haber descansado y disfrutado de la puesta de Sol, el grupo siguió ascendiendo lentamente, conducido por el guía, que les animaba a experimentar la sensación de encontrar el camino en la oscuridad.

—Así es como tomamos a menudo nuestras decisiones, a oscuras —les dijo—. Podríamos iluminarnos el camino formulándonos un par de preguntas, pero preferimos seguir a oscuras cuando no nos las planteamos.

Tras una hora de lento progreso, los pensativos excursionistas se reunieron donde habían divisado un arroyo y acamparon para pasar la noche.

El joven tiritaba en su delgada chaqueta mientras ayudaba a encender el fuego. Ahora deseaba haber previsto el frío de la montaña y la noche. No había sido previsor. Se frotó las manos tratando de entrar en calor.

Dándose cuenta de ello, Ingrid Bauer, la brillante directora de una consultoría internacional en expansión, le ofreció un jersey que le sobraba.

—Menos mal que me gusta llevarlos anchos —le dijo sonriendo. Agradecido, el joven aceptó.

—Frank me ha dicho que te gustaría tener un mentor, alguien mayor que tú que te guiara.

—Es cierto —respondió el joven, riendo—. No sabrás de alguno en mi ciudad ¿verdad?

—Me temo que no —respondió Ingrid sonriendo—. Pero puedo entender tus razones para desearlo. En Alemania tenemos el sistema de gremios, en el que los jóvenes trabajan bajo la tutela de un maestro durante muchos años antes de estar plenamente cualificados. La formación es excelente. Ya sé que los gremios no existen aquí, de modo que cada cual se tiene que buscar su propio sistema de aprendizaje. Sin embargo, te podría ser de utilidad darte cuenta de que ya tienes tu propio mentor: *¡Tú mismo!*

»Sí, sí —añadió—. Tú eres tu propio mentor de más edad. Como persona con más años, y espero que con más sabiduría, puedes examinar tus decisiones pasadas y sus correspondientes resultados. Observar atentamente tus decisiones anteriores puede enseñarte más que lo que puedas aprender de cualquier otra persona. De los resultados mediocres puedes aprender lo que no hay que hacer, de los buenos resultados puedes sacar la enseñanza de lo que conviene hacer.

En el rostro del joven podía verse que estaba recordando los resultados de algunas de sus decisiones pasadas poco afortunadas.

—Anímate hombre —continuó Ingrid—, no seas tan duro contigo mismo. —El joven sonrió.

—Observa tus resultados pasados y deja que te iluminen. Tus resultados son tus mejores maestros. ¿En qué parte del Mapa estás? —le preguntó.

—Hasta ahora, me he formulado las dos primeras partes de la pregunta práctica: «*¿Estoy atendiendo a la necesidad real, me estoy informando de las opciones disponibles, lo estoy pensando a fondo?*»

—Te gustaría que habláramos de la tercera parte, «*¿Lo estoy pensando a fondo?*» —le preguntó Ingrid.

—Sí —respondió el joven.

Pensando de nuevo en su propia decisión, se dio cuenta rápidamente de que aún no la había pensado con detenimiento. Se quedó en silencio.

—¿Recuerdas que, durante el almuerzo, nos hablaste de cómo el guía se apartó rápidamente de la serpiente venenosa? —le preguntó Ingrid.

—Sí, en segundos. ¿Cómo lo hizo?

—Lo había pensado de antemano —respondió la mujer—. Antes de iniciar La Excursión, ya se había preguntado: «¿Qué haré si sale una serpiente de entre la maleza, o si hay un desprendimiento de rocas, o si cede un borde del camino?» Ya se había anticipado a lo que podía suceder. Todos podemos aprender a hacerlo. Podemos prepararnos para aquello que pensamos de antemano. Por ejemplo, el buen jugador de ajedrez revisa mentalmente varias jugadas antes de mover una pieza.

—¿Y eso cómo se aprende? —quiso saber el joven.

—Podemos imaginar cualquier situación en la que pudiésemos llegar a encontrarnos y preguntarnos simplemente: *«¿Qué sucedería probablemente entonces? ¿Y luego qué? ¿Y luego qué?»*, hasta que hayamos pensado la situación completamente —respondió Ingrid—. Al ir «de excursión» por los negocios y por la vida, necesitamos anticipar los peligros y estar alerta —concluyó.

El joven se dio cuenta del sentido de lo que le acababa de decir la mujer.

—Así que las rocas y las serpientes siempre van a estar ahí, pero si nos anticipamos a los acontecimientos y los pensamos de antemano podemos salir airosos.

—Efectivamente —respondió Ingrid—. Personalmente encuentro que preguntarme «¿*Y luego qué? ¿Y luego qué?*» me ayuda realmente a pensar las cosas y a obtener los resultados que necesito.

—De modo —reflexionó el joven—, que antes de tomar una decisión, sería conveniente contemplar cada una de las opciones disponibles y preguntarme: «¿Qué podría suceder? ¿Y luego qué?»

—Sí —respondió Ingrid—. Imaginar en detalle lo que podría suceder si actuaras en base a la decisión que te estás planteando.

Se quedaron sentados en silencio. El joven se preguntaba: «Si decidiera proceder de acuerdo con mi decisión inicial, ¿qué sucedería? ¿Y luego?» Bien pronto se dio cuenta de que de esa forma nunca lograría los resultados que necesitaba.

Necesitaba encontrar una decisión mejor.

Luego se planteó una opción distinta y, al pensarla, le pareció que con ella iba a obtener los resultados mejores que necesitaba.

—He visto muchos clientes que han sufrido serios reveses, simplemente por no haber pensado exhaustivamente sus decisiones —comentó Ingrid.

—¿Podrías darme algún ejemplo? —preguntó el joven.

—Ciertamente —respondió Ingrid—. ¿Prefieres un ejemplo de una corporación o de un individuo?

—Ambos, por favor —pidió el joven.

—La industria automovilística estadounidense declinó, cuando el precio del petróleo subió y la gente fue más consciente de los problemas medioambientales. Demasiados ejecutivos no habían pensado a fondo sus decisiones. Su objetivo era hacer dinero, y cuanto mayores eran los coches más dinero ganaban con cada venta. De modo que, cuando aumentó la demanda de vehículos más pequeños, decidieron construirlos de mala calidad, confiando en que los clientes insatisfechos volverían a sus hábitos anteriores de adquirir coches grandes. Pero se olvidaron de anticipar algo. No se preguntaron, «¿Qué podría suceder si no proveemos lo que el mercado pide? ¿Y luego qué? ¿Y luego qué?» Como no lo pensaron, dejaron la puerta abierta para que otros fabricantes tomaran parte del mercado, fabricando coches pequeños de alta calidad, abrieron el camino a constructores de otros países. Cuando el público descubrió qué fabricantes satisfacían sus demandas, muchos compradores dejaron de ser fieles a los fabricantes nacionales. Algunos nunca volvieron a comprar coches fabricados en los Estados Unidos. A medida que avanzaba el tiempo, esos otros fabricantes reforzaban sus cadenas de distribución y su imagen, hasta llegar a instalar sus propias fábricas en suelo estadounidense. Con tanta infraestructura sobre el terreno, acabaron convirtiéndose en un poder en esa industria. La cuota de mercado de los fabricantes cayó y eso se tradujo en muchos despidos. Si aquellos ejecutivos se lo hubieran pensado bien, podrían haberse dado cuenta de la creciente necesidad del mercado de vehículos pequeños y de calidad y podrían haber atendido a esta necesidad. Eso es lo que están haciendo ahora los más espabilados, pero llevan mucho retraso.

—Ese es también un buen ejemplo de que se necesita menos tiempo para detenerse y formularse las preguntas necesarias para tomar decisiones mejores, que el que hace falta para enmendar luego los resultados de decisiones desafortunadas —corroboró el joven.

—Efectivamente —asintió Ingrid—. Y también es la razón por la que resulta tan importante que toda organización disponga de un número suficiente de personas que se formulen esta clase de preguntas, antes de tomar decisiones que puedan afectar a toda la organización.

El joven se dijo para sus adentros: «Si este Sistema funciona realmente tan bien como ella dice, tal vez lo introduzca en mi compañía».

—Aquí tienes un ejemplo a nivel individual —prosiguió Ingrid—. En una ocasión necesitamos contratar a alguien nuevo para dirigir nuestra oficina de París. Cuando regresé de mi primera Excursión, hace tres años, mis socios senior tenían a una candidata para el puesto. Fuimos a almorzar con ella pero, mientras la entrevistaba, me preguntaba si era realmente la persona que estábamos buscando. Luego, tras hablar con mis socios y formularles las dos preguntas que yo misma había aprendido a formularme en La Excursión, se dieron cuenta de que habían estado a punto de cometer un error muy costoso. Se percataron de que no habían pensado seriamente su decisión. Todos tenían alguna reserva en relación con la candidata, pero ninguno había querido admitirla, ni siquiera para sí mismo. Se habían estado engañando a sí mismos. Simplemente querían cubrir el puesto rápidamente. Pero cuando les pregunté, «*¿Qué sucederá probablemente después? ¿Y luego? ¿Y luego?*», se dieron cuenta de que lo más probable es que, como sumo a los seis meses, íbamos a tener que reemplazar a aquella persona. De modo que nos centramos en la necesidad real y desarrollamos nuestras opciones entrevistando a otros candidatos hasta que, finalmente, contratamos a una excelente persona, que desde el primer momento ha estado contribuyendo desde París a nuestro crecimiento como empresa. Cada vez que recordamos lo que estuvimos a punto de hacer nos echamos a temblar. Desde entonces nos hemos estado animando unos a otros a pensar detenidamente nuestras decisiones, lo cual nos ha resultado muy rentable. De hecho, todos los socios utilizamos, como parte esencial de nuestra práctica profesional para tomar decisiones mejores, el Sistema «Sí» o «No».

El joven escribió de nuevo en su diario:
Para tomar una decisión mejor me
pregunto,
«¿Qué sucederá probablemente
entonces? ¿Y luego...? ¿Y
luego...?»
Y así hasta haber pensado mi decisión de
tal modo que obtenga con ella resultados
mejores.

El joven se daba cuenta de cuán valiosa podía resultarle la idea de preguntarse simplemente «¿Y luego?»

Dirigió la vista al cielo y vio que se estaba cubriendo con nubes de tormenta. Vio que los demás estaban recogiendo leña para preparar el desayuno por la mañana, y cubriendo el montón con lona para protegerlo de una eventual lluvia durante la noche. Sabía que estaban pensando por adelantado y anticipándose a lo que pudiera ocurrir.

Recoger leña por adelantado parecía cosa de poca monta, pero se daba cuenta de que podía marcar una gran diferencia a la hora de desayunar al día siguiente. Se preguntó, «¿Qué puedo anticipar ahora que me ayude más adelante a obtener resultados mejores?»

—Recuerda que, como Hiro suele decir, «los resultados mejores son como mariposas, si vas tras ellas te puedes agotar y se te pueden escapar» —observó Ingrid.

—¿Pero cómo vas a conseguir resultados mejores si no vas tras ellos? —inquirió el joven.

—Céntrate en la necesidad real de ahora mismo, infórmate acerca de tus opciones y piensa bien cada una de ellas. Luego deja que los resultados mejores acudan a ti más fácilmente.

Una vez más, el joven reflexionó sobre la decisión que tenía que tomar. Comenzó a pensar que tal vez lograría mejores resultados si utilizaba aquel sistema.

—¿Quién decide qué son «resultados mejores»? —le preguntó a Ingrid.

—Lo decides tú —le respondió ésta—. Para comenzar, eres tú quien decide cuál es tu necesidad real. Y eres tú quien evalúa los resultados que obtienes en función de lo bien o mal que *tus* resultados satisfacen *tu* necesidad. Por eso es tan importante que tengas clara la necesidad real desde el principio, así como que desarrolles tus opciones y te las pienses bien.

El joven reflexionó sobre cuánto más estaba utilizando ahora su cabeza para tomar su propia decisión.

—¿Te has sentido alguna vez disgustado con alguna de tus decisiones mejores? —le preguntó Ingrid.

—No con ninguna de mis *mejores* decisiones —respondió él.

—Reflexiona bien —insistió ella—. ¿Has lamentado alguna vez algo de alguna de esas decisiones?

—La única desazón que jamás haya sentido por haber tomado una decisión mejor ha sido por no haberlo hecho antes —respondió él.

—¡Exacto! ¿Y por qué no la tomaste antes?

—Supongo que no pensé en ello.

—¿Y por qué no pensaste en ello?

—Supongo que porque no le presté la debida atención en su momento —admitió finalmente el joven.

Ingrid guardó silencio.

El joven estaba pensativo. Después lo vio. «¡De modo que es por eso que es tan importante que me tome el tiempo necesario para plantearme preguntas valiosas! ¡Las preguntas me estimulan a pensar más sobre mi decisión y me llevan a tomar una decisión mejor *antes*!»

Hasta entonces había estado demasiado preocupado por el tiempo que podía perder formulándose preguntas en busca de sus respuestas. Pero ahora comprendía lo que Hiro le había dicho acerca de invertir en tiempo. Aquello le ayudaría a alcanzar una decisión mejor *más pronto*. ¡Le ahorraría tiempo!

—¿Por qué no nos tomamos el tiempo necesario para pensar las cosas a fondo? —le preguntó a Ingrid.

—Es probable que cuando no pensamos a fondo nuestras decisiones —respondió ella—, lo estemos haciendo porque creemos que se trata de decisiones a corto plazo. Pero a menudo no es así. Nuestra vida está marcada por decisiones que tomamos sin pensar en su momento que fuesen importantes. Pero lo cierto es que las decisiones que tomamos funcionan como fichas de dominó. Los resultados de una decisión pueden afectar a la siguiente mucho más de lo que creemos, y eso es algo que hay que respetar. Después de haberte pensado tu decisión y de haberte preguntado «¿*Lo estoy pensado a fondo?*» —prosiguió Ingrid—, lo mejor que puedes hacer es consultar con la almohada y revisarla al día siguiente.

El joven decidió pasar el resto de la velada solo. Le dio las gracias a Ingrid y se despidió de ella.

Mientras sorbía un tazón de chocolate caliente a la entrada de su tienda, se puso a escribir sus observaciones en el diario. Quería poder repasar sus ideas por la mañana.

Más tarde le despertó el ruido de lluvia fuerte sobre su tienda. Bien abrigado en su saco de dormir, reflexionaba sobre la decisión específica que iba construyendo. Finalmente encendió su linterna y consultó su diario:

Pensármelo a fondo: Resumen

Mis decisiones pasadas son mis mejores maestros.
Observarlas de forma realista puede enseñarme más
que cualquier persona a ver la realidad y evitar la
ilusión.

Al analizar mis resultados pasados, no soy demasiado
duro conmigo mismo. Me animo. Hice lo mejor que
pude.

Ahora consigo mejores resultados porque me centro
en satisfacer la necesidad real, me informo de las
opciones disponibles y pienso las cosas a fondo para
un resultado mejor.

Para evaluar mis resultados, los comparo con el
grado en que satisfacen mi necesidad real.

¿Cómo deberían ser esos resultados para que
satisficiesen mi necesidad real? Si actúo según mi
decisión, ¿qué es probable que suceda? ¿Y
luego...? ¿Y luego...? ¿Sería eso que temo el
peor de los resultados? ¿Cuál sería el mejor

resultado? ¿Qué haría en el peor de los casos? ¿Y en el mejor? ¿Con cuánta claridad puedo anticipar los resultados más probables para mí? ¿Y para los demás? ¿Me lo he pensado a fondo?

Utilizo la cabeza para formularme una pregunta práctica:

«¿Estoy atendiendo a la necesidad real, me estoy informando de las opciones disponibles, lo estoy pensando a fondo?»

Sí __ o No __

Cruzar el puente

La otra mitad

Sábado por la mañana, hora del desayuno

El sábado por la mañana, justo antes de que clareara, el joven se unió al guía para desayunar. La tormenta había pasado durante la noche pero el suelo aún estaba empapado, de modo que ambos estaban de pie junto al fuego.

El guía sorbía su café caliente mientras observaba cómo se iban cociendo las gachas sobre la fogata.

—Bueno, ¿te ha ayudado ya la primera mitad del Sistema «Sí» o «No» a tomar una decisión mejor? —le preguntó.

Desde que había comenzado La Excursión, el joven se había estado preguntando, «*¿Estoy atendiendo a la necesidad real, me estoy informando de las opciones disponibles, lo estoy pensando a fondo?*»

—Utilizar la cabeza formulándome la primera de las dos preguntas ya me ha ayudado a tomar una decisión mejor, así que ¿para qué necesito la otra mitad del Sistema? —respondió tras pensárselo.

El guía no dudó en su respuesta.

—Para tomar una decisión mucho mejor. Cuando tomamos una decisión, la mayoría lo hacemos en base a una sola de dos cosas igualmente importantes: o utilizamos la cabeza o escuchamos al corazón, pero raramente hacemos ambas cosas a la vez, de modo que solemos acabar con medias decisiones basadas en medias verdades. Observa que estamos tan sólo a la mitad de la ascensión. Tal vez la segunda mitad, tanto de la montaña como del sistema, sea la más difícil, pero también es sin duda la más gratificante.

—Quiero saber más sobre eso, pero antes necesito saber otra cosa. Antes de pasar a la segunda mitad del Sistema, quisiera comprender en qué se basa. ¿Por qué me ayuda tanto plantearme esas preguntas?

—Porque las preguntas nos impulsan a encontrar respuestas. A menudo tomamos decisiones poco afortunadas, sencillamente porque no comenzamos por plantearnos algunas preguntas muy simples.

El joven se sentía incómodo con la palabra «simple». A pesar de su juventud, ya había desarrollado cierta suspicacia ante las respuestas simplistas. Las había ensayado anteriormente y había descubierto que no funcionan.

El guía pareció leerle los pensamientos.

—Cuanto más descubras el poder de lo simple —le advirtió—, más cuidado debes tener con lo simplista.

—No estoy seguro de saber la diferencia entre ambas cosas —admitió el joven.

—Lo simplista —le explicó el guía—, se queda por debajo de lo necesario. Una respuesta simplista no es más que una ilusión. Simple, en cambio, es aquello que se necesita y nada más. Ésa es la razón por la que las mejores respuestas, las que consiguen resultados mejores con más facilidad, son invariablemente simples. A veces son las más difíciles de ver, pero una vez que descubres la respuesta simple, se convierte en la respuesta obvia. Tomar una decisión mejor depende a menudo de haber visto a tiempo lo que te resultará obvio después.

—¿Podrías ponerme un ejemplo?

—Por supuesto. Una mala inversión es un buen ejemplo de ello. Quienes han perdido dinero con alguna inversión a menudo miran atrás y dicen: «Si me hubiese tomado la molestia de hacer más preguntas...»

Acto seguido le planteó un reto al joven:

—¿Por qué crees que no preguntamos más a menudo?

—Supongo que se debe a que no siempre sabemos qué preguntar —respondió el joven—. O a que no deseamos realmente hacerlo. Queremos las respuestas sin perder el tiempo haciendo las preguntas.

Le vino a mientes Sócrates, el gran maestro de la Grecia antigua, que ayudaba a sus discípulos a encontrar sus propias respuestas planteándoles más preguntas. Recordó que su método había estado utilizándose durante siglos.

—Las preguntas son como despertadores —precisó el guía—. Las preguntas nos hacen despertar.

—¿Despertar a qué?

—Despertar a la realidad, a lo que está sucediendo realmente *alrededor* y *dentro* de nosotros —respondió el guía—. Cada decisión eficaz que tomamos —observó—, se ha basado en la realidad. Desafortunadamente, todos tomamos ambas clases de decisiones, las eficaces y las ineficaces.

—¿Y cuál es la diferencia —inquirió el joven— entre decisiones eficaces e ineficaces?

—Nuestras decisiones ineficaces se basan en *ilusiones* que, en su momento, decidimos creer —respondió el guía—. Nuestras decisiones eficaces, en cambio, están construidas sobre las *realidades* que logramos reconocer. Por eso es tan importante formularse preguntas penetrantes que nos ayuden a distinguir las realidades de las ilusiones. Las preguntas arrojan luz sobre las ilusiones.

—¿A qué le llamas ilusiones?

—Una ilusión es una ficción que nos creemos porque queremos creérnosla, aun cuando resulte ser falsa —respondió el guía—. Tomar una decisión basándonos en una ficción en la que creemos es como construir una hermosa casa sobre arena suelta. Que la casa se venga abajo es sólo cuestión de tiempo. Mientras tanto, la persona siente cierto desasosiego, a pesar de que lo relegue a lo más recóndito de su mente. Vivir en una ilusión es convivir constantemente con un dolor sordo. Sabemos que algo está mal, pero no queremos saber qué es. Lo negamos esperando que desaparezca por sí sólo, pero sigue ahí. Es como esa jaqueca constante que antes nos atormentaba y que hemos acabado por aceptar y acostumbrarnos a ella. Aceptamos ese dolor sordo como tolerable. Pero, al igual que el dolor, la ilusión nos va socavando, tanto si somos conscientes de ello como si no.

El joven se percató de que así era como se había estado sintiendo últimamente.

—Entonces, ¿qué es lo que falta? —preguntó.

—Faltan tus propios sentimientos —respondió el guía—. Tal vez quieras ver adónde te lleva la segunda mitad del sistema —con estas palabras se dio la vuelta y caminó en compañía del joven durante unos quinientos metros hasta llegar a un puente de madera, desvencijado y bamboleante, que cruzaba una sima que separaba el lugar donde habían acampado, de la cima de la montaña que iban a ascender ese mismo día.

Al otro lado del puente siguieron andando otros doscientos metros, hasta llegar al borde de un pequeño estanque.

—Mira al fondo del estanque y dime qué es lo que ves —le dijo el guía.

El joven se inclinó sobre el agua y, bajo la tenue luz del alba, miró a través del agua inmóvil.

—Veo piedras en el fondo.

—Cambia ahora tu enfoque y dime qué ves —le pidió el guía.

—Me veo a mí mismo —respondió el joven—, o al menos mi reflejo.

—Ahora puedes ver la parte importante que falta en tu decisión —dijo el guía—. Eres tú. *Tú* eres eso que le falta a tu propia decisión. Tanto si eres consciente de ello como si no, tomas como todos tus decisiones basándote en tu carácter, en lo que hay en tu corazón. Si aspiras a tomar decisiones mejores de forma constante debes aprender a cruzar una y otra vez a ambos lados del puente entre las dos partes de ti mismo, entre la mitad pensante de tu cabeza y la otra mitad sintiente de tu corazón. El puente no es más que tu consciencia de que necesitas conectar esas dos partes de ti mismo. Y eso es algo que puedes aprender a hacer bien pronto, simplemente formulándote la pregunta privada que vas a aprender. Luego, cuando hayas mirado en la intimidad de tu corazón, formúlate de nuevo la pregunta práctica. Comprobarás que de este modo llegas a una decisión mucho mejor.

El guía siguió hablando.

—Con mayor frecuencia de la que nos percatamos, el mejor modo de alcanzar rápidamente a resultados mejores consiste en rodear el obstáculo que nos corta el camino, que casi siempre no es sino nuestro propio *ser* obstructivo.

—¿Y cómo podemos rodearnos a nosotros mismos? —quiso saber el joven.

—Con nuestro carácter —le respondió el guía.

—¿Qué quieres decir con eso de «nuestro carácter»? —preguntó el joven.

—Nuestro carácter —respondió el guía—, es el conjunto de nuestras creencias personales y el modo en que actuamos según ellas. La forma en que tomamos nuestras decisiones depende mayoritariamente de lo que creemos. Nuestras creencias son a menudo viejas opciones olvidadas, que elegimos mucho tiempo atrás pero que, a través del subconsciente, siguen influyendo sobre nuestras decisiones.

Viendo que el joven no levantaba la vista del suelo, el guía se percató de su incomodidad.

—Las creencias son algo muy íntimo —le dijo—, de modo que es probable que no quieras hablar de ellas con otras personas, pero es necesario que las analices a fondo.

—¿Qué tienen que ver mis creencias personales con mis decisiones prácticas? —preguntó el joven.

—Sólo utilizas aquellas partes de tu carácter que crees que tienen verdadero valor para ti —le respondió el guía—. Y eso puede afectar en gran medida a tus decisiones. Tus decisiones prácticas son espejos en los que cualquiera puede ver reflejados tus pensamientos, tus sentimientos y tus creencias. Revelan con claridad el modo en que ves el mundo y a ti mismo. Analizando un número suficiente de decisiones, puedes determinar las creencias de una persona, del mismo modo que cualquiera que observe con atención podrá adivinar tus creencias a partir de tus decisiones pasadas.

Al joven no le gustaba nada esa idea de que sus creencias pudiesen ser tan transparentes para los demás, pero no por ello dejaba de ver la verdad que había en aquellas palabras. Mentalmente tomó nota de ellas:

Mis decisiones revelan mis creencias.

El guía siguió hablando.

—Recordarás que te hablé de dos preguntas. Ya te has formulado la pregunta práctica, la «pregunta mental» acerca de *tu situación*. Ha llegado el momento de que te formules ahora la segunda pregunta. Una pregunta privada, «de corazón», acerca de *ti mismo*, el forjador de decisiones.

—¿Una pregunta sobre mí mismo? —inquirió el joven.

—Exacto. La pregunta de índole privado trata de tus creencias personales sobre: (1) tu integridad, (2) tu intuición y (3) lo que piensas de tu propia valía.

—¿Y para qué vamos a husmear dentro de mí? —preguntó el joven, un tanto a la defensiva.

—No *vamos* a husmear dentro de ti. *Tú* vas a hacerlo —precisó el guía—. Observar de cerca nuestro propio carácter nos hace sentir incómodos a muchos —admitió—, pero eso no debe preocuparte. Verás que resulta de gran ayuda hacerlo.

—¿Por qué?

—Porque cuanto más consciente seas de tu propio carácter, más a menudo podrás tomar decisiones mejores.

—Así pues, mientras que la pregunta práctica me hace despertar a mi situación, la pregunta privada me hace ser consciente de mi carácter —observó el joven tras reflexionar unos instantes.

—Eso espero —respondió el guía con una sonrisa—. Cuando aplicas conscientemente tu carácter a tu situación, tomas decisiones mejores. ¿Por qué no seguimos hablando de ello con un buen desayuno caliente? —sugirió luego.

Regresaron juntos hasta la fogata para sacarse el frío de la mañana con una tostada y un tazón de cereales. Al verlos regresar juntos, los demás miembros del grupo pidieron unirse a ellos en la conversación. Al ser preguntado al respecto, el joven respondió que comenzaba a darse cuenta de la importancia de analizar sus creencias.

—Anoche, cuando estábamos andando en la oscuridad —sugirió Hiro— se me ocurrió que, del mismo modo que podíamos encender una linterna y alumbrar el camino con ella, de forma parecida nuestras creencias son las luces que iluminan las decisiones que tomamos. El problema estriba en que no somos conscientes de las creencias que llevamos encima.

—A veces creo que tomo *la mayoría* de mis decisiones a oscuras —confesó el joven.

Todos se rieron.

—Veo que eres capaz de reírte de tu propia

locura —constató el guía—. Eso es bueno. Cuanto más ligeros estemos al examinar nuestras decisiones, antes llegaremos a una decisión mejor. ¿Quién dijo aquello de «Quien viaja ligero llega más lejos»?

—Probablemente fuera algún viejo sabio oriental —sugirió el joven.

Hiro se rió.

—Seguramente —comentó Ingrid sonriendo—. Como sucede con la mayor parte de la sabiduría, lo que estamos descubriendo aquí no es nuevo, sino que fue descubierto por otros hace miles de años. Ni siquiera es nuevo para nosotros mismos. Simplemente nos olvidamos de utilizar lo que sabemos que funciona. Admitámoslo, volvimos a La Excursión para hacer memoria.

—¿Sigues pensando que esto es para principiantes? —le preguntó Frank al joven—. Antes me dijiste, jovencito, que aspiras a ser presidente de una compañía, tal vez de esa misma en la que ahora trabajas. Si eso es cierto, recuerda que cuando un director general ejecutivo busca un presidente no dice, «Busco una persona determinada y experimentada que conozca bien el producto», sino que busca los valores esenciales de la persona.

—¿Qué es lo que busca? —preguntó el joven.

—Un director general ejecutivo listo se pregunta, «¿Tiene esa persona la clase de carácter que conseguirá que se haga el trabajo que hay que hacer?»

—¿Y por qué el carácter? —insistió el joven.

—Porque, en la mayoría de ocasiones, una persona con carácter tomará decisiones mejores, particularmente su tiene integridad, intuición e introspección —le explicó Frank apoyado en su propia experiencia de director general ejecutivo.

—¿Por qué esos rasgos precisamente?

—*Integridad* porque quienes la tienen no se engañan a sí mismos acerca de la situación —sentenció Frank—. Saben apartar el grano de la paja y llegar rápidamente al meollo de la cuestión. *Intuición* porque quienes han aprendido a confiar en ella no buscarán a otros para que tomen por ellos las decisiones difíciles. Se fiarán de sí mismos y su director general ejecutivo, a su vez, podrá fiarse de ellos. *Introspección* porque si mi gente no es consciente de que puede sabotear sin saberlo sus propios resultados, mi compañía acabará pagando un alto precio por ello. Cuando te encuentras con alguien cuyo carácter tiene esos tres rasgos, lo contratas y le pagas bien, porque te devolverá sin duda con creces lo que inviertas en él.

—Creo que ya estoy listo para esa pregunta

privada acerca del carácter —asintió sonriendo el joven.

Todos rieron. Frank fue directamente al grano.

—Esa pregunta privada que te formulas a ti mismo dice: «*¿Refleja mi decisión que estoy siendo honesto conmigo mismo, que confío en mi intuición y que me merezco algo mejor?*»

El joven se sorprendió. Reflexionando en lo que acababa de escuchar se dio cuenta de que iba a tener que pensar mucho más de lo que había supuesto.

—Con eso en mente, levantemos el campamento y comencemos a ascender la cumbre —ordenó sonriendo el guía.

Consulta a tu corazón

Integridad

Sábado por la mañana

Más tarde, aquella misma mañana, el joven vio a Ángela Cuvero, una atractiva jovencita brasileña, que aprovechaba una pausa para descansar junto a un arroyo. La acompañaba su padre, Santo Cuvero, un prominente industrial.

Saludó a ambos y se dirigió a la muchacha.

—Ángela —le dijo—, he observado que varias personas te hacían preguntas. ¿Puedo preguntarte por qué?

Ella se rió.

—Eso es porque el año pasado hice mi primera Excursión y tuve algunos problemas. Querían saber si había estado utilizando El Mapa durante este año para tomar decisiones mejores, y si me había funcionado.

—¿Y... lo utilizaste y funcionó? —inquirió el joven.

—Sí —respondió Ángela sonriendo—. Lo

hice y me funcionó. Utilicé mucho El Mapa y me ayudó realmente.

—¿Qué dificultades tenías? —preguntó el joven.

—Tuve algunos problemas —respondió ella—, pero eso es lo de menos.

No quería seguir aferrada a los problemas pasados, le interesaba más encontrar respuestas.

—Sé a qué te refieres cuando hablas de tener problemas —admitió el joven—. No se lo había contado a nadie, pero los estoy teniendo, en casa y en el trabajo. Pero no parece que pueda hacer gran cosa al respecto.

—¿A quién quieres engañar? —le dijo la joven, abruptamente.

El joven quedó anonadado ante aquella reacción. No sabía qué responder.

Finalmente ella se echó a reír.

—Llevaba un año esperando poder decirle eso a alguien. Eso mismo es lo que me dijeron a mí el año pasado.

—No estoy tratando de engañar a nadie —protestó él.

—¿Ah, no? —insistió ella—. ¿De veras no estás tratando de engañar a alguien?

El joven sabía que Ángela pensaba que se estaba engañando a sí mismo, pero esa idea no le gustaba.

—¿Cómo podría saberlo? —preguntó.

—Ya he pasado por eso —respondió la chica—, y aprendí que la razón por la que la mayoría tenemos problemas es porque nos engañamos a nosotros mismos.

—¿Qué sucedió el año pasado? —preguntó él.

—Me hablaron de «verdad», «realidad», «integridad», y «honestidad». Pero me sentía confundida. Finalmente me ayudaron a descubrirlo por mí misma.

—No me iría mal comprender exactamente qué quieren decir esas palabras —aventuró el joven.

—Bueno, el modo como utilizo lo que he aprendido es sencillo y me funciona en la vida diaria —aclaró ella—. «Realidad» es todo lo que realmente es. «Verdad» es una descripción de la realidad, mía o de otra persona. «Integridad» es decirme a mí misma la verdad. «Honestidad» es decir la verdad a los demás. Lo que hago ahora es unir todo eso —prosiguió—, observando lo que realmente pienso y hago. Y luego observo lo que me va pasando realmente. Miro mis opciones y las consecuencias reales. Me ha ayudado un montón a no engañarme a mí misma y a no engañar a los demás. Y al poco, las cosas comenzaron a irme mejor. ¡Sorpresa, sorpresa!

—concluyó riendo—. Es increíble lo fácil que se ha vuelto todo de repente. Debe de ser una coincidencia.

El joven rió

—Así pues, ¿Cómo aprendiste el año pasado a decirte realmente la verdad a ti misma?

—Los demás me animaron a seguir utilizando la pregunta privada del Mapa, «*¿Refleja mi decisión que estoy siendo honesto conmigo mismo, que confío en mi intuición y que me merezco algo mejor?*» Insistieron particularmente en que me concentrara en la primera parte, «*¿Estoy siendo honesta conmigo misma?*» Incluso aunque yo no supiera aún si funcionaba, me animaron a seguir formulándome la pregunta una y otra vez. Simple repetición.

El joven reflexionó sobre las palabras de Ángela.

—Luego —dijo ésta— para ayudarme a ver lo habitual que es que las personas eviten decirse a sí mismas la verdad, varios adultos me confesaron que ellos también se habían dado cuenta casi demasiado tarde de que se estaban engañando a sí mismos.

—¿Eso te sorprendió? —le preguntó el joven.

—Bueno, en cierto modo, sí. Cuando tenía problemas, los adultos siempre me estaban repitiendo que dejara de engañarme a mí misma, de modo que acabé pensando que ellos siempre se decían a sí mismos la verdad.

—Tal vez querían que aprendieses de sus errores —sugirió el joven.

—Seguramente. Parece que a muchos la verdad nos asusta. Creemos que si nos la ocultamos estaremos más seguros, o como mínimo menos incómodos.

—Pero no nos sentimos más seguros —aventuró el joven—, ¿verdad?

—No —aseguró la joven—. Cuando nos ocultamos la verdad nos sentimos aún más asustados.

»Por alguna extraña razón —prosiguió, mirándole fijamente a los ojos—, tengo la impresión de que te asusta la verdad.

—¿Cómo podrías *tú* saberlo? —respondió él.

—Ya te dije que he pasado por la misma situación por la que tú estás pasando ahora —le contestó Ángela riendo—. Me enfadaba cuando alguien quería decirme la verdad y no quería escucharla. Particularmente si se trataba de mis padres. Me sentía amenazada y les hubiese golpeado. Ahora he aprendido que aquella rabia no era más que una manifestación de mi miedo. Aún no sabía que la integridad, decirme la verdad a mí misma, era algo realmente beneficioso para mí. Pensaba que era simplemente algo que *se suponía* que tenía que hacer.

—Y no nos gusta hacer aquello que se supone que debemos hacer, ¿verdad? Preferimos hacer lo que queremos.

—Cierto —respondió la muchacha—. Luego comencé a observar lo que secretamente quería hacer y me pregunté: «¿De verdad me gustaría que mis amigos y mi familia leyeran esto en los periódicos?»

Al escuchar la conversación, el guía y los demás pidieron unirse a ellos. Ambos se mostraron de acuerdo.

—Supongo que no siempre soy tan honesto como quisiera con la gente con la que trabajo —admitió el joven—. O incluso con mi familia.

—He aprendido que cuando me digo a mí misma la verdad me resulta más fácil ser honesta con los demás —intervino Ingrid.

—¿Y cómo *encuentras* la verdad? —le preguntó el joven.

—He descubierto que la forma más rápida para encontrar la verdad consiste en buscar la ficción en la que estoy creyendo, esa mentira que quiero tomar por verdad porque me resulta más conveniente o más cómoda de vivir —respondió Ingrid—. La ficción es a menudo más flagrante, y por consiguiente más fácil de ver que la verdad. Una vez que descubro la ficción, busco en sentido contrario y doy con la verdad.

—Yo hago lo mismo —dijo Ángela—. Es como ese anuncio de un aceite para coche en televisión, en el que sale un mecánico con una lata de aceite en la mano diciendo: «Puede pagar un poco ahora», y luego sale desmontando el motor del coche y diciendo: «O mucho más después».

—Así pues, en tu ejemplo, la ficción sería que puedes pasar sin gastar tiempo y dinero poniéndole aceite a tu coche, porque seguirá funcionando de maravilla —comentó el joven—. Pero la realidad es que al final te quedarás sin motor.

»De modo que la verdad es el opuesto de la ficción —continuó a modo de reflexión en voz alta—. Si quiero que mi motor funcione bien, debo añadirle aceite de vez en cuando, tanto si me gusta como si no.

—Si —intervino Frank—. Y no tiene ninguna importancia que creas o no que tienes que ponerle aceite. La realidad sigue siendo la realidad, independientemente de tus creencias y de tus ilusiones.

—Es como esas personas que hace tiempo creían que la Tierra era plana —terció Hiro en la conversación—. Creyeran lo que creyeran, la

Tierra era redonda. Creer que era plana no la hacía ser plana.

—Así pues, que creamos en una ilusión no la convierte en una verdad —constató el joven—. Creer en nuestras ilusiones sólo puede empeorar las cosas. De modo que la base para todas mis decisiones mejores tiene que consistir en ver la verdad y ser honesto conmigo mismo.

Todos sonreían en el grupo, y algunos incluso rompieron a aplaudir. Ángela estaba radiante.

Al principio el joven se sentía algo incómodo pero luego, sonriendo, continuó.

—El guía me habló antes de que nuestras decisiones desafortunadas se basan en nuestras ilusiones. Tengo que admitir que cuando recuerdo alguna mala decisión, a veces puedo ver dónde me engañé a mí mismo. Pero ¿cómo reconocer a tiempo la ilusión?

—Si preguntas a las personas a las que les importas, ¿pueden ellas percatarse de tu ilusión? —sugirió Ingrid.

—Los demás suelen ver nuestros errores más fácilmente que nosotros mismos —admitió el joven.

—Cierto —respondió ella—, y nosotros los suyos. De modo que, cuando uno es incapaz de ver su propia ilusión, ¿quién podría ayudarle a verla?

—¿Las personas a las que les importo? —aventuró el joven.

—¡Si! —exclamó Ángela—.El año pasado, de vuelta a casa pedí a mis amigos que me dijesen lo que veían —continuó—. ¡Y vaya si me dijeron! —Se rió—. Con palabras más o menos diferentes, todos me hablaban de lo mismo. Cuando por fin vi lo que ellos veían, comencé a hacer algunos cambios.

El joven quería saber qué habían visto en ella, pero Frank intervino antes.

—¿Qué parte de ti se aferra a la ilusión que crees?

—¿Mi ego? —aventuró el joven.

Todos guardaron silencio.

Luego el joven estalló en una carcajada. Comenzaba a conocer el estilo de sus compañeros. Cuando se callaban, lo hacían para darle la oportunidad de pensar por sí mismo.

—Mi ego es el que se aferra a mis ilusiones —aceptó finalmente.

—Bien —dijo Frank—. Sabiendo ya que es tu ego el que se aferra a tus ilusiones, ¿cómo podrías tomar decisiones mejores, es decir, más realistas?

—Podría aparcar mi ego un rato —respondió el joven—, y luego preguntar a los demás qué ven.

—¿Y cómo sabrías que lo que los otros ven es válido para ti? —siguió preguntando Frank.

—En primer lugar les escucharía realmente —propuso el joven—. Luego comprobaría si lo que me dicen encaja con mi propia experiencia. Finalmente buscaría el modo en que sus aportaciones pudieran ayudarme a ver la verdad con mis propios ojos.

—Si haces realmente todo eso —observó con tono aprobatorio Frank—, te irá bien.

—¿Podríais poner un ejemplo relacionado con los negocios? —le pidió el joven.

—¿Lo quieres estadounidense o europeo? —preguntó Ingrid.

—Me quedo con el estadounidense.

—Durante años una empresa puntera estuvo creyendo que, como que en una ocasión había fabricado las mejores fotocopiadoras, aún seguía haciéndolo. Sin embargo, cada vez perdía más cuota de mercado. Cuando finalmente un director general ejecutivo avispado puso a sus ingenieros a comparar sus copiadoras con las de la competencia, «descubrieron» que éstas ofrecían mejor calidad a menor precio.

—¿Qué hizo entonces aquella empresa? —preguntó el joven.

—Tan pronto como se percataron de la realidad —prosiguió Ingrid—, comenzaron a trabajar en el rediseño de sus máquinas, con el objetivo de darles a sus clientes la calidad que necesitaban.

—Ahora recuerdo —dijo el joven—. Aquella empresa acabó ganando el Premio Baldrige a la organización de mejor calidad.

—Efectivamente —asintió Ingrid—. Y lo más importante, aumentaron las ventas y su cuota de mercado. La empresa saneó sus finanzas y los empleados se sintieron más seguros en sus puestos. Como en su caso, nuestro reto consiste en descubrir la verdad. Una vez descubierta ésta, la decisión está clara. Se hace evidente.

—Cuanto más claramente vemos la realidad —intervino Frank— más bien situados estamos para tomar decisiones mejores.

—¿Podríais darme algún ejemplo fuera del mundo de los negocios? —preguntó el joven.

Le contestó Santo Cuvero, el padre de Ángela.

—Sí, pero como estadounidense tal vez no te sientas cómodo con este ejemplo, como les pasó a las personas que en su momento prefirieron creerse aquella ilusión. En la década de 1980 muchos estadounidenses se sentían optimistas acerca de su país, de sí mismos y de su economía, en unos tiempos en los que el país se hundía cada vez más en la deuda y por doquier se vendían activos valiosos para pagar por esta sensación de bienestar. Era como quemar la casa para mantenerse caliente. Antes de que los estadounidenses se dieran cuenta de la importancia de lo que les estaba sucediendo —prosiguió Santo— gran parte de sus empresas y de sus propiedades había sido vendida a personas de otros países. Cada vez tenían menos control sobre lo que antes había sido suyo.

—¿Cómo podían sentirse bien y comportarse así al mismo tiempo? —preguntó el joven.

—Después de una recesión, los líderes estadounidenses querían que la gente se sintiera bien —respondió Santo—. Quisieron vender la ilusión de una prosperidad nacional y la gente se la quiso comprar. Se la creyeron. Sin embargo, la realidad económica era que los Estados Unidos de América había pasado de ser el mayor acreedor del mundo a ser el país con la mayor deuda. Y por sorprendente que pueda parecer, todo eso en una década. No estaba sucediendo únicamente en los Estados Unidos. En otros países, la gente caía en trampas similares. Los líderes de la antigua Unión Soviética creían que podrían permitirse gastar indefinidamente sumas enormes de dinero en tecnología punta, en lugar de proveerse de alimentos para su propio pueblo. Ahora ya está claro que aquella economía, en realidad toda la estructura social de aquella nación, se colapsó bajo el peso de aquella ilusión insostenible. Tanto si queremos verlo como si no, las consecuencias de creer en una ilusión hacen que las cosas se tornen eventualmente aún más difíciles. Tal vez los pueblos soviético y estadounidense lleguen a recuperarse, del mismo modo que tú y yo podemos recuperarnos de haber vivido en la ilusión. Pero sin duda deberán pagar un alto precio económico por ello.

El joven habló entonces de los problemas de las instituciones financieras estadounidenses a finales de la década de 1980 y principios de 1990.

—He leído que si los problemas se hubieran afrontado cuando surgieron, ponerles remedio hubiera costado una fracción de lo que costó después. Entiendo que haber esperado diez años completos para enfrentarse a la verdad le costó al contribuyente más de diez veces. ¿Por qué se retrasaron las decisiones necesarias?

Uno de los participantes estadounidenses intervino.

—¿*Se retrasaron*? ¿Quién se retrasó? Nos guste o no, *nosotros* éramos los afectados. *Nosotros* elegimos la ilusión, la pintura sobre una casa comida por las termitas. Nuestros políticos no hicieron más que reflejar *nuestras* expectativas. *Nosotros* somos el pueblo y los políticos son nuestros representantes. Necesitamos aprender a tomar más pronto decisiones mejores, o pagaremos colectivamente un precio terrible. No podemos esperar a nuestros «líderes».

—Y el factor tiempo es esencial —añadió Frank—. Es tan importante *cuándo* tomamos nuestra decisión como lo que decidimos hacer. En los tiempos que nos ha tocado vivir, todos necesitamos tomar *más pronto* decisiones mejores.

Hiro se mostró de acuerdo.

—Por ejemplo, cuando avanzamos con el guía y nos encontramos con una cornisa congelada, éste nos deja claro que si esperamos el Sol podría calentar el hielo, fundirlo y podríamos correr peligro al atravesarla. Hay que actuar pronto, antes de que la situación empeore. Lo cierto es que, tanto si vemos esa verdad como si no, el Sol va a fundir el hielo. Nuestra percepción no va a cambiar esa realidad. Sea cual fuere la decisión que tengamos que tomar, conviene que detectemos cuál es su «hielo que se funde» y que actuemos pronto al respecto.

—Cuando vivimos en la ilusión —dijo alguien riéndose—, miramos a los demás como las ostras que se entierran en la arena. Pensamos que si nos tapamos los ojos y no vemos la verdad, dejará de estar ahí. Mientras insistimos en seguir ignorando el Sol, el hielo del puente se va fundiendo bajo nuestros pies.

—En La Excursión del año pasado una persona me enseñó algo que, desde entonces, me ha ayudado a comprenderlo. Lo anoté para no olvidarlo —añadió Ángela Cuvero.

Sacó de su mochila un pedazo de papel y se lo pasó al joven. En el papel estaba escrito:

*Cuanto antes vea la verdad,
antes tomaré una decisión mejor.*

El joven le devolvió el papel a Ángela y luego tomó nota en su diario. Ahora se daba cuenta de que el propósito de formularse a sí mismo las preguntas «Sí» o «No» consistía en ayudarle a descubrir la verdad.

—Necesitamos preguntarnos, «¿Vamos a buscar la verdad o a escondernos de ella?» —preguntó otro de los excursionistas.

—Hay que hacerle frente —comentó Frank—, tanto si es conveniente como si no, tanto si estamos de acuerdo con ella como si no. La base de todas nuestras mejores decisiones son las acciones que emprendemos basándonos en la *verdad*. Y es que, antes o después, todo lo demás nos caerá encima.

—Recuerdo un pensamiento importante de un libro de Buckminster Fuller —intervino el joven—. Decía así: *«La integridad es la esencia de todo éxito»*.

Al pronunciar estas palabras, el joven se percató de que necesitaba aplicar lo que había aprendido. Necesitaba buscar la verdad y apoyarse en ella mucho más a menudo de lo que había estado haciendo.

Cuando la conversación terminó, el joven reflexionó sobre qué otras preguntas podía formularse para ver la verdad con mayor claridad.

Pasó el resto de la mañana de aquel sábado

ascendiendo con sus compañeros, disfrutando del paisaje y pensando en lo que necesitaba recordar.

Más tarde, cuando revisaba lo que había aprendido acerca de su propia integridad, escribió en su diario el siguiente resumen:

Mi integridad: Resumen

Mis decisiones desafortunadas se basaron en ilusiones que en su momento creí. Mis mejores decisiones se basan en las realidades que reconocí a tiempo. Cuanto antes percibo la realidad, antes tomo decisiones mejores. Para encontrar la verdad, debo buscarla.

La mejor decisión se basa en una respuesta simple, que acaba por convertirse en la respuesta evidente. Para descubrir la verdad, busco primero la ficción que deseo tomar como cierta, pero con la que no puedo contar realmente.

Habida cuenta de que vemos con más facilidad los errores de los demás, aparco frecuentemente mi ego y pregunto a otros qué es lo que ven. Luego compruebo si lo que me dicen se corresponde con lo que a mí me suena a cierto.

¿He analizado suficientemente mis decisiones pasadas como para poder aprender de ellas? ¿He verificado suficientemente la realidad observando lo que pasa realmente a mi alrededor y dentro de mí? ¿Me he dado cuenta de lo evidente? ¿Me estoy diciendo a mí mismo La Verdad?

«¿Refleja mi decisión que estoy siendo honesto conmigo mismo, que confío en mi intuición y que me merezco algo mejor?»

Sí _ o No _

Intuición

Sábado por la tarde

En el almuerzo del sábado el joven buscó a Peter Golden, un ingenioso ejecutivo del mundo de la publicidad dos o tres años mayor que él, cuya tranquila compostura sugería que estaba en posesión de algún conocimiento valioso. Encontró al enjuto ejecutivo comiendo solo, sentado sobre una roca y contemplando un desfiladero.

Peter se volvió y le invitó a sentarse junto a él.

—De modo que estas aquí para analizar tus decisiones —le dijo—. ¿Has comenzado a utilizar El Mapa?

—Sí, lo estoy usando para una decisión que debo tomar. De momento ya me he formulado la pregunta práctica y la primera parte de la pregunta privada —respondió el joven.

—Crees que te ayudará preguntarte, «*¿Confío en mi intuición?*» —le preguntó Peter mientras comían.

De inmediato, el joven comenzó a reflexionar acerca de su decisión y a analizar lo que sentía al respecto.

—Te ayudará preguntarte —continuó Peter—, «¿Qué es lo que siento acerca del modo en que estoy tomando esta decisión?»

Realmente, el joven no había prestado tanta atención a sus sentimientos en relación con el *modo* en que estaba tomando su decisión, como a la propia decisión en sí misma.

—¿Qué quieres decir con eso de cómo siento acerca del modo en que tomo mi decisión? ¿Sentir de qué forma?

—Pregúntate, por ejemplo, «¿Me siento tranquilo o ansioso? ¿Paralizado por el miedo o confiado? ¿Exhausto o con energías?» —sugirió Peter—. Si el modo como te sientes acerca de cómo estás tomando tu decisión no te gusta, probablemente debas cambiarla por otra mejor. Cuando tomes tu decisión —prosiguió—, pregúntate si te estás basando en opiniones ajenas o en tus propios sentimientos, en tu intuición o, mejor aún, en tu *mejor* intuición.

—No estoy muy seguro de a qué te refieres con eso de mi intuición, y menos aún con eso de mi *mejor* intuición.

—Tu intuición es tu propio conocimiento subconsciente basado en tus experiencias personales. Es lo que, de algún modo, *tú* sientes que te conviene a *ti* —respondió Peter.

—¿Qué quiere decir eso de que «siento que me conviene»?

—Cuando tomas determinada decisión, como esa sobre la que tú estás trabajando ahora, ¿qué sensación experimentas? ¿De tranquilidad o de estrés? ¿De esfuerzo o de facilidad? ¿De temor o de entusiasmo? En resumen, ¿qué sientes mientras tomas esa decisión? ¿Y qué te dice eso que sientes acerca del resultado más probable?

—Me temo que mi capacidad para predecir resultados es más bien escasa —confesó el joven.

—Tal vez sea mejor de lo que piensas y tan sólo necesitas desarrollar tu intuición —opinó Peter—. Tal vez te tome algún tiempo aprenderlo, pero su valor es incalculable, tanto para los negocios como para tu vida privada.

—¿Y cómo puedo desarrollar mi intuición? —inquirió el joven.

—Puedes comenzar por analizar cómo tomaste tus decisiones pasadas —le contestó Peter—. Recuerda qué *sentías* cuando tomabas cada una de esas decisiones. Luego observa qué *consecuencias* tuvieron.

»Relaciona aquellas sensaciones con los resultados que obtuviste y estudia la conexión entre ambas cosas. Si prestas atención, podrás aprender a pronosticar los resultados de tus decisiones a partir de lo que sientes al tomarlas.

»¿Cuáles han sido los resultados cada vez que has tomado una decisión bajo determinada sensación, como por ejemplo ansiedad?

—Habitualmente muy lamentables —confesó el joven.

—A mí me ha pasado lo mismo —admitió Peter—. Casi cada vez que me he sentido mal al tomar una decisión, los resultados han sido deplorables.

»Para utilizar tu intuición, es importante que te observes a ti mismo mientras tomas la decisión.

»Si la tienes que tomar con gran esfuerzo, lo más probable es que estés forzando los acontecimientos. En este caso, lo más probable es que las cosas te salgan mal.

»Si, por el contrario, te formulas preguntas cruciales y llegas a la conclusión de que te sientes bien, lo más probable es que estés tomando tu decisión en base a una verdad que has percibido, por lo que tus resultados serán mucho mejores.

Reflexionando sobre su vida y sus decisiones pasadas, el joven comenzó a atisbar la verdad de aquellas palabras.

—¿Cómo puedo aprender a tomar mis decisiones con menos esfuerzo y ansiedad? —preguntó.

—Yo solía ser un saco de nervios, como tantos otros en mi campo de actividades, hasta que aprendí a desarrollar mi intuición y a confiar en ella —admitió Peter.

—¿Y cómo lo haces? —preguntó el joven.

—En primer lugar, reconociendo que mis sentimientos son mi «guía personal», una especie de mentor interno que reside dentro de mí y me muestra mi verdadera sabiduría. Puedo optar por escucharle y seguir mi intuición guía.

—Recuerdo que Einstein dijo que «La intuición es lo que realmente importa» —comentó el joven.

—Y tenía razón —corroboró Peter—. Recuerda que la intuición incluye no tan sólo lo que sientes acerca de la decisión que estás tomando, sino también lo que sientes acerca del modo en que llegas a esa decisión.

—Últimamente me siento ansioso por lo complicada que es la decisión que tengo que tomar.

—O por lo complicada que tú crees que es —señaló Peter—. —Tal vez estés utilizando demasiado el ego. Un ego fuerte contribuye a tu confianza hasta que te vuelves egoísta y tu decisión acaba girando únicamente en torno a ti mismo. Ni siquiera nuestra galaxia gira alrededor de la Tierra. Tu decisión tampoco suele girar únicamente en torno a *ti*.

»Cuando te vuelves egoísta en relación con determinada situación, tiendes a complicarla. Por supuesto, la situación puede ser compleja pero eres tú, y nadie más que tú, quien la complica.

—No veo la diferencia —apuntó el joven.

—*Complejo* significa que el problema tiene varias partes —aclaró Peter—. *Complicado* quiere decir que no logras distinguir entre esas partes.

»Si percibes la situación como complicada, seguirás perdido. Si la percibes como compleja y analizas sus diversas partes, encontrarás diversas respuestas simples, evidentes. Reúnelas y tendrás la solución al problema.

»La sensación de miedo parece complicada hasta que la fraccionas en partes —prosiguió Peter—. Veamos, menciona algo que te asuste.

—Tengo miedo a volar —contestó el joven sin vacilar.

—Hay una diferencia. —precisó Peter—. ¿Tienes miedo a volar o a estrellarte? —Tengo miedo de que el avión se estrelle —respondió el joven riendo.

—Naturalmente —dijo Peter—. Tememos al futuro. No tememos estar *sobre* un estrecho acantilado, sino a caernos *desde* ese acantilado, algo que corresponde al futuro inmediato.

Ambos sonrieron.

—Cuando somos capaces de ver nuestro miedo y de sonreírle, entonces estamos progresando —afirmó Peter.

»Reflexiona sobre las decisiones que hayas tomado con miedo —prosiguió—. Repasa las que hayas tomado basándote en el temor, la ansiedad, la rabia, el resentimiento o la preocupación. Todas estas emociones son diferentes caras del miedo.

Mientras Peter contemplaba de nueva el panorama, el joven se puso a pensar en su vida pasada, en todas las decisiones que había tomado motivado por el miedo.

—¿Cuáles fueron los resultados de esas decisiones? —le preguntó Peter al cabo de un rato.

El joven respondió meneando la cabeza, dando a entender que no habían sido precisamente afortunados.

—No eres el único —le aseguró Peter—. Por ejemplo, ¿conoces a alguien que se haya asociado con otras personas, en los negocios o en la vida privada, guiado por el miedo y que no se haya tenido que arrepentir después?

—No, no conozco a nadie—respondió el joven—. Recuerdo el matrimonio de un amigo. No estaba seguro de amar a su novia, pero se casó con ella ante el temor de perderla para siempre y no encontrar a nadie mejor.

—¿Y cómo acabó?

—Está divorciado.

—Lo siento —dijo Peter—. Lamentablemente, ese es el resultado absolutamente predecible de las decisiones tomadas cuando nos dejamos guiar por nuestros miedos. Todos tenemos miedo de vez en cuando. El secreto es *no dejar que condicione nuestra forma de actuar*.

»El lado bueno consiste en que podemos evitar los errores si nos tomamos el tiempo necesario para preguntarnos, «¿Qué haría si no tuviese miedo?» Y acto seguido, *hacerlo*.

»Por ejemplo, ¿qué crees que podría haber sucedido, si tu amigo no hubiera actuado de acuerdo con su miedo a no encontrar a nadie mejor?

—Podría haber roto con ella y encontrar alguien más apropiado para él

»Teniendo en cuenta cómo acabó ese matrimoniono me cabe duda de que hubiera tomado una decisión mejor si hubiese actuado como si no tuviera miedo. Pero, probablemente, no se concedió el tiempo necesario para preguntarse lo que haría si no tuviese miedo.

—Probablemente no lo hizo —asintió Peter.

El joven se puso a reflexionar sobre la decisión que *él mismo* tenía que tomar y pensó qué haría si no tuviese miedo.

Estaba comenzando a atisbar una decisión aún mejor.

—Ahora recuerda alguna de las mejores decisiones que hayas tomado en tu vida —le sugirió Peter.

El joven repasó su vida y sonrió al recordar una de sus mejores decisiones.

—¿Estabas asustado? —preguntó Peter.

—No, no lo estaba —respondió el joven.

—¿Te das cuenta ahora de que tus sentimientos siempre estuvieron relacionados con los resultados que luego obtuviste? —inquirió Peter.

—Creo que comienzo a percatarme de ello —respondió el joven.

Sacó su diario y escribió en él:

Mis sensaciones pronostican a menudo las consecuencias.

—¿Podrías hablarme más acerca de la intuición?

—Intuición significa estar «en tuición», y *tuición* viene del verbo latín *tueri*, que significa «vigilar». En tiempos del medioevo, *tuicion* significaba «protección». Hoy significa «enseñar».

El joven comprendió.

—De modo que mi intuición me protege enseñándome, en base a lo que me ha funcionado bien en el pasado y a lo que es más probable que me funcione en el presente. Tiene sentido. Entonces, ¿cuál es mi *mejor* intuición?

Peter se puso en pie y lanzó un guijarro en dirección al desfiladero.

—¿Tienes por costumbre tomar tus decisiones con el ego, o buscas alguna guía más elevada?

—Adivínalo tú mismo —respondió el joven sonriendo.

Ambos rieron.

—Hay un modo mejor que confiar en el ego —apuntó Peter—. Cuando lo utilizo, no tengo miedo ni del mundo ni de mí mismo. Estoy en paz. Y tomo decisiones mejores.

»El concepto de «intuición mejor» es mi propia adaptación de El Mapa —confesó—. Me reservo mi mejor intuición para las decisiones más importantes.

»Con «mejor intuición» me refiero a otra clase de intuición, una que me consigue los mejores resultados. Se trata de la sensación que experimento después de haber preguntado a lo que yo denomino «Mejor Guía». Es una fuente que me proporciona una sabiduría aún mayor, tanto para mí como para mi propia experiencia.

—¿Y cómo encuentra uno a su Mejor Guía? —le preguntó el joven.

—Bueno, yo puedo decirte cómo encontré el mío, pero eso puede valerte a ti o no. Es algo que tendrás que decidir por ti mismo.

»Si *tuicion* significa enseñanza —continuó Peter—, intuición tiene que ser lo que aprendemos *dentro* de nosotros mismos. Luego la mejor intuición es algo que nos *trasciende*.

El joven se dio cuenta de que eso era lo que tantas personas venían haciendo desde hacía muchísimos años, a través de la plegaria o de la meditación. Otras lo hacían en comunión con la naturaleza o, simplemente, dando un paseo en silencio y a solas.

—*Cómo* tomas la decisión —continuó Peter—, influye sin duda sobre ella. Yo me pregunto, «¿Estoy tomando esta decisión con miedo o con entusiasmo?» Y me recuerdo a mí mismo que la palabra *entusiasmo* viene del griego *entheos*, que significa ni más ni menos que «el dios interior»

—Eso me recuerda algo que leí acerca del miedo —comentó el joven—. «El miedo no es más que el sentimiento de estar separado de Dios.»

—Sabes aprovechar tus lecturas —respondió Peter—. A mí también me lo parece.

»Algunas personas se preguntan cómo consigo mantener la calma en el trabajo en el que me desenvuelvo. Eso se debe a que he aprendido a utilizar mi *intuición* para las decisiones de cada día, y mi *mejor intuición* para las decisiones importantes, particularmente las de índole personal.

»De modo que, ¿qué vas a hacer *tú*? —le preguntó Peter—. ¿Vas a utilizar tu intuición, e incluso tal vez tu mejor intuición?

»No me contestes —dijo a continuación—. Es enteramente cosa tuya.

»—¿Conoces el sistema binario del cuerpo y cómo te ayuda a ganar en claridad?

—No, no lo conozco —respondió el joven.

—Pensamos con la mente y sentimos con el cuerpo —le explicó Peter—. Nuestra mente puede confundirse, pero nuestro cuerpo nos habla en un lenguaje binario muy sencillo. «Sí» para lo que nos sienta bien y «No» para todo lo demás. Si ya has utilizado la cabeza para responder a la cuestión práctica y la respuesta es «Quizás», entonces es que ha llegado el momento de *sentir* además de pensar.

Peter guardó silencio. Ambos se quedaron así mientras el joven reflexionaba sobre si se sentía o no a gusto con el modo en que estaba tomando su decisión.

Al cabo de un rato le dio las gracias a Peter y se fue a pasear, absorto en sus propios pensamientos. Contempló los peñascos que perfilaban las cimas de enfrente.

Más tarde, después del almuerzo, Peter y él caminaron juntos en silencio durante un rato. Habían ido a la montaña para disfrutar de la naturaleza y estaban absorbiendo la experiencia. El joven volvió a expresarle su agradecimiento a Peter y de nuevo decidió caminar a solas.

Con un saludo de la mano, Peter le respondió, con voz potente, que le deseaba lo mejor.

El joven escribió en su diario:

<u>Mi intuición: Resumen</u>

Cuanto más utilizo mi intuición para observar lo que siento en relación con el modo como estoy tomando la decisión, más me protejo a mí mismo de cometer errores graves.

Lo que siento sobre el modo como estoy tomando la decisión pronostica a menudo los resultados que obtendré.

No tomaré mi decisión basándome en el miedo, puesto que éste nunca me ha aportado buenos resultados.

Puedo tomar decisiones mucho mejores si en lugar de dejarme guiar por mi ego, dejo que lo haga mi «Mejor Guía».

¿Me siento estresado o en paz? ¿Claro o confuso? ¿Exhausto o pletórico de energía? ¿Egoísta o guiado?

¿Qué decidiría si no tuviese miedo?

¿Me hace sentir realmente bien esta decisión?

¿Tan bien como mi color favorito, como encontrarme

con un buen amigo, como dar un paseo apacible? Si no me hace sentir bien, lo más probable es que no sea la mejor decisión y que tenga que cambiarla.

¿Estoy confiando en mi intuición? Consulto mi corazón formulándome una pregunta de índole privada:

«¿Refleja mi decisión que estoy siendo honesto conmigo mismo, que confío en mi intuición y que me merezco algo mejor?»

Sí ___ o No ___

Introspección

Domingo al amanecer

Era la mañana del domingo, último día de La Excursión, y el joven había estado esperando a que terminara el rito del amanecer en la cima del monte, para hablar con la persona del grupo que más había llegado a admirar.

Nigel «Wings» Macleod era un australiano alto, fornido y pelirrojo, fundador y presidente de una aerolínea importante. Hombre accesible, seguía atendiendo por su apodo, Wings. Todos los demás miembros del grupo gravitaban de algún modo en torno a él, y el joven no era una excepción.

Notaba que aquel hombre sabía algo que poca gente conocía, y deseaba aprender de él tanto como pudiera. Cuando Wings Macleod accedió a departir con él, el joven le habló de lo que le había estado preocupando todo el fin de semana.

—A veces me doy cuenta de que estoy tomando una decisión desafortunada, pero parece que no me importe. Sigo adelante y la llevo a cabo de todos modos —confesó el joven—. Nadie parece hablar de eso. ¿Acaso soy la única persona que lo hace?

Wings se echo a reír.

—De modo que quieres que yo hable de lo que casi nadie habla, ¿eh?

El joven se quedó perplejo, hasta que Wings continuó.

—Ningún problema. Estaré encantado de ayudarte a descubrir por qué tomas esas decisiones a pesar de que sabes todo el tiempo que no te convienen. Pero, para hacer ese descubrimiento, tienes que estar dispuesto a cambiar de marcha en tu corazón.

—Estoy dispuesto a hacerlo —respondió el joven—. Ya me he preguntado, «*¿Refleja mi decisión que estoy siendo honesto conmigo mismo, que confío en mi intuición y que me merezco algo mejor?*» Lo que hago tiene algo que ver con la última parte de esa pregunta, ¿verdad?

—Tiene todo que ver con ella —confirmó Wings—. Me has dicho que a veces haces cosas que socavan tu propio éxito. Eso indica que, como casi todos nosotros, necesitas desaprender la creencia de que no te mereces nada mejor, que permanece oculta hasta para ti mismo.

—Pero... —le interrumpió el joven.

Wings se echó a reír.

—Ya sé, quieres interrumpirme para decirme que sí piensas que te mereces algo mejor. Pero yo no te estoy hablando de lo que *piensas*, sino de lo que *sientes*, de lo que realmente *crees*.

»Si quieres descubrir qué crees, observa qué decides hacer, particularmente qué es lo que haces a menudo. Esta parte acerca de «merecer algo mejor» es la que más le cuesta de captar a la mente, pero cuando el corazón siente la verdad que hay en ella, ese concepto nos ayuda bien pronto a tomar decisiones mejores. Sólo hace falta prestar atención a lo que hacemos.

El joven no se esperaba nada por el estilo.

—¿Puedes darme algún ejemplo práctico?

—Claro —respondió Wings—. ¿Con cuánta frecuencia tomas decisiones poco afortunadas, simplemente porque no te tomas el tiempo necesario para reunir la información que necesitas?

El joven recordó que eso era precisamente lo que había hecho hacía bien poco.

—¿Yo? ¡Nunca! ¡Eso jamás! —respondió con una mueca cómica.

Wings rió con él. Era buena señal que el joven fuese capaz de ver sus errores y de reírse de ellos.

—De modo que tú —le dijo Wings—, un joven espabilado que sabe en su corazón que le conviene reunir la información que necesita, preferiste no hacerlo, ¿no es así?

—Bueno, yo no diría exactamente que «preferí no hacerlo», sino más bien que no lo hice.

—¿Y por qué piensas que hiciste deliberadamente algo, aun *a sabiendas* de que no beneficiaba tus intereses? —preguntó Wings.

El joven no sabía muy bien qué responder.

—Para encontrar tu propia respuesta —prosiguió Wings—, observa tu propia vida. ¿Estás limitando tus acciones para reducir tu éxito a la dimensión que inconscientemente crees que mereces, y te conformas con ello? Por ejemplo, ¿te detienes en determinado umbral de éxito o de felicidad y no vas más allá? ¿Tienes acaso un gobernador en tu corazón, como el dispositivo del pedal del acelerador de los camiones de alquiler, que impide al conductor rebasar determinada velocidad? Por mucho que aprietes el pedal, ¿hay quizás algo más que te esté limitando?

»¿De qué creencias limitadoras que se interponen en tu camino no eres consciente?

»¿Estaría bien para ti que siguieses tomando decisiones cada vez mejores, una tras otra? ¿O acaso ese desfile de decisiones mejores iba a llevarte demasiado lejos en el camino del éxito y de la felicidad?

»Incluso aunque probablemente pienses que eso es ilógico, ¿cabe la posibilidad de que creas que no te mereces nada mejor? ¿Podrían tus decisiones estar reflejando esa creencia saboteadora, incluso aunque no seas consciente de ella?

»Pregúntate: «¿Me demuestra mi decisión que realmente creo que me merezco algo mejor?»

Todo aquello desbordaba casi la capacidad mental del joven. Trató de serenarse. Ambos permanecieron en silencio.

—¿Qué quieres decir con eso de «creo que me merezco»? —le preguntó el joven a Wings al cabo de un rato.

Wings respondió:

—Nuestro amigo Peter Golden me dice que la palabra *merecer* procede del latín *merescere*, de *merere*, *mereri*, que significa «ganar, recibir una parte». Pero ¿cuántos de entre nosotros estamos dispuestos a tomar la parte que realmente nos corresponde? ¿Qué haces en lugar de ello? Tal vez *piensas* que te mereces algo mejor, pero no te lo *crees* ni actúas en consecuencia. Puedes resistirte a esta verdad como uno de esos grandes peces vela australianos que se debaten inútilmente en el extremo del sedal del pescador. Eso es lo que hacemos la mayoría, resistirnos a la idea de que no *creemos* merecer algo mejor. Pero para darse cuenta de con cuánta frecuencia es eso cierto, tenemos que observar primero algunas de nuestras decisiones, como esta decisión tuya de no reunir la información que necesitas. La clave para tomar consistentemente decisiones mejores —le reveló Wings—, consiste en optar conscientemente por creerte que realmente mereces algo mejor y en actuar en consecuencia.

»Tal vez quieras reflexionar sobre ello o, aún mejor, ver si puedes *sentir* su verdad.

Tras estas palabras se despidió del joven.

El joven se quedó reflexionando sobre todo lo que acababa de escuchar. Apreciaba poderse quedar solo con sus pensamientos, porque era plenamente consciente de que la pregunta sobre si realmente creía merecer algo mejor era la más íntima de todas.

Mientras caminaba no dejaba de pensar: «¿Qué creo realmente merecer?» Se resistía a ver la verdad porque no siempre le gustaba, pero continuó mirándola. Se preguntó si tal vez habría estado, ilógica pero inconscientemente, limitándose a sí mismo y coartando sus resultados.

Al cabo de un rato, sacó lentamente su diario de la mochila y escribió una nota importante para reflexionar más adelante sobre ella:

A menudo obtenemos los resultados que,
aun sin saberlo, creemos que nos
merecemos.

Al cabo de un tiempo Wings se le acercó.

—¿Has repasado tus decisiones pasadas? ¿Y tus creencias? —le preguntó.

El joven asintió.

—He comenzado a darme cuenta del valor de las preguntas «de corazón» que me has formulado.

—Analizando el patrón de tus decisiones pasadas, ¿qué descubres acerca de tu verdadera creencia sobre lo que mereces? —le preguntó Wings sonriendo.

»Recuerda que, al decir «creencia», me refiero a mucho más que a lo que *piensas* que te mereces —añadió Wings para darle más tiempo para pensar—. Casi todos pensamos conscientemente que nos merecemos algo mejor, pero ¿qué es lo que realmente *crees*?

»¿Demuestran tus acciones que crees merecer algo mejor en todos los ámbitos de tu vida, tanto en lo profesional como en lo privado? En caso contrario, ¿por qué? —preguntó Wings.

»¿Será acaso que el mundo en el que crecemos nos enseña a negarnos algo mejor? «¿Mejor que qué?», tal vez se pregunten algunos. «¿Mejor que los demás?» Las personas responsables podrían argumentar: «¿Y por qué iba yo a merecer algo mejor que los demás?».

»Pero eso excluye el punto más importante

—dijo Wings—. No se trata de una cuestión de mejor que los demás, sino de mejor que lo que te estás haciendo *a ti mismo*. Y eso es algo que *todos* nos merecemos.

Wings guardó silencio. El joven permaneció pensativo unos instantes.

—Supongo que tengo que admitir que, a veces, actúo como si no creyera realmente que me merezco algo mejor —observó el joven.

—No te sientas mal —le aconsejó Wings—. Yo también hice eso cuando tenía menos años. No recuerdas haber escuchado, siendo más joven, aquello de «Pero *quién* te *crees...*»

—«...que eres?» —completó el joven.

Ambos rieron.

—Veo que tú también lo has escuchado —dijo el grandullón australiano—. Cuando eras pequeño, ¿cómo te hacían sentir estas palabras?

—Pequeño —respondió el joven, con una mueca de disgusto.

—A mí también —confesó Wings—. Podemos tratar de reírnos de ello, pero es algo que se puede quedar con nosotros durante mucho tiempo. Tal vez esa sea la razón por la que tantas personas mantengamos, incluso negándola conscientemente, esa creencia oculta de que no nos merecemos nada mejor. Después de todo, ¿quién creemos que somos para merecerlo? Se trata de una creencia que cada cual experimenta a su manera. Algunos se desenvuelven bien en el trabajo pero no en casa. Otros al contrario. Como si ambas cosas fueran demasiado éxito. Unos llevan consigo esta creencia tan sólo en determinados momentos de su vida, otros siempre porque siempre la niegan.

—¿Por qué actuamos así? —inquirió el joven.

—No lo sé realmente —confesó Wings, riendo—. Lo único que sé es que mantengo mejor mi rumbo cuando, mirando a lo que decido hacer, me pregunto: «*¿Refleja mi decisión que estoy siendo honesto conmigo mismo, que confío en mi intuición y que me merezco algo mejor?*» Si mi respuesta es «No», cambio primero mi decisión y luego mi comportamiento. He construido una aerolínea exitosa con la ayuda de otras personas, a base de animarnos unos a otros a actuar según nuestra creencia de que nos merecemos algo mejor.

El joven se dio cuenta de que Wings no se centraba únicamente en cambiar lo que creía, sino también lo que *hacía*. Y animaba a los demás a hacer lo mismo.

El joven se preguntó para sus adentros, «¿Qué es lo que creo y qué es lo que hago?» «Antes de tomar una decisión, ¿me pregunto habitualmente preguntas importantes? ¿Me centro en la necesidad real en lugar de en mis deseos? ¿Reúno la información que necesito y me informo de las opciones disponibles? ¿Pienso a fondo mi decisión a la luz de unos resultados mejores? ¿O no creo realmente merecer nada mejor y, por consiguiente, me saboteo a mí mismo ocultándome la verdad, o no confiando en mi intuición, o creyendo que no tengo capacidad para hacerlo mejor, o que me falta la educación necesaria, o que carezco de las oportunas relaciones sociales?»

Wings le sacó de sus pensamientos hablándole quedamente.

—Nunca nos permitimos tener más que lo que realmente creemos merecer. ¿Estás conduciendo con el freno de mano puesto? —le preguntó acto seguido.

El joven le miró, sorprendido.

—¿Qué quieres decir con eso?

—Quiero decir que si te estás frenando a ti mismo, porque crees que sólo te mereces ir tirando en vez de prosperar. No me respondas a mí —le advirtió Wings—, respóndete a ti mismo.

De nuevo el joven hubiera preferido evitar la conversación, escapar a la desazón que sentía. Luego comenzó a preguntarse, «¿Qué es lo que creo *realmente*?»

Después de un rato de mantenerse absorto en esas reflexiones, finalmente el joven se dirigió a Wings.

—¿Puedo preguntarte algo?

—¿Por qué ibas a pararte ahora? —le respondió el australiano riendo.

El joven no pudo evitar reírse con él. Luego formuló su pregunta.

—¿Qué puedo hacer si descubro que no creo realmente que me merezca nada mejor?

—Ah, esa sí que es una buena pregunta —respondió Wings—. Pregúntate: «¿Qué haría si creyese merecer algo mejor?»

»No es necesario que esperes a creerlo realmente en tu corazón. Basta con que *hagas* aquello que harías si lo creyeses.

»Cuando nuestras acciones mejoran, las cosas mejoran también. Recuerda que las decisiones únicamente son eficaces cuando actuamos según ellas —insistió Wings—, y cuando lo hacemos *a su tiempo*.

»Por ejemplo, podrías preguntarte, «¿Creo en mi decisión lo suficiente como para actuar según ella *sin demora*?»

Justo entonces el resto de excursionistas se unió a ellos para conversar. Juntos pasaron otra hora sentados en la cumbre, contemplando la espectacular vista, pensando, conversando, y gozando de la compañía. Todos estaban realmente disfrutando de La Excursión.

Al cabo de un rato el joven le dio las gracias a Wings y se retiró discretamente a tomar algunas notas importantes.

Antes de ir en busca del guía, en cuya compañía deseaba hacer el descenso, escribió en su diario. Quería estar seguro de poder recordar todas aquellas ideas acerca de sus creencias sobre su propia valía, y sobre el modo en que éstas podían afectar a sus decisiones sin que él lo supiera.

Mi introspección: Resumen

Mis creencias afectan a mis decisiones,
particularmente en lo relativo a lo que creo que
merezco.
Para descubrir lo que realmente creo, observo
atentamente lo que _suelo hacer_ más a menudo.
Tal vez _pienso_ que me merezco algo mejor, pero mis
acciones me demuestran que a veces no _creo_
realmente merecerlo.
La clave para tomar decisiones mejores de forma
constante consiste en optar por creer que me
merezco algo mejor, y en actuar acto seguido de
acuerdo con esta creencia.

¿He analizado con suficiente atención mis decisiones
y mis acciones pasadas, como para poder descubrir lo
que _realmente_ creo que me merezco? ¿Soy
consciente del modo en que mis decisiones revelan mis
creencias? ¿Creo suficientemente en mi decisión
como para actuar sin demora de acuerdo con ella?

¿Qué decidiría hacer ahora mismo, si realmente creyera que me merezco algo mejor?

Consulto mi corazón formulándome una pregunta de índole privado:

«¿Refleja mi decisión que estoy siendo honesto conmigo mismo, que confío en mi intuición y que me merezco algo mejor?»

Sí _ o No _

Alcanzar una decisión mejor

Repaso

Descenso, domingo por la mañana

Durante el descenso el joven no se separó del guía. Juntos iban repasando lo que había aprendido en los últimos días.

—Cuando recuerdas dónde estabas antes de iniciar esta excursión el viernes, ¿qué ves? —le preguntó el guía.

—Veo que el modo como llegué el viernes a La Excursión, no es muy distinto del modo como estaba tomando muchas de mis decisiones —respondió el joven—. No me había dado cuenta de que estaba andando en la dirección equivocada. Carecía de la información necesaria, de las señas que me permitieran llegar a mi destino. No me había informado de las opciones disponibles, y cuando decidí salir de casa sin llevar las señas conmigo, no pensé a fondo mi decisión. Simplemente me estaba engañando a mí mismo. Sentía que debía dar marcha atrás e ir a casa a buscar las señas, pero preferí ignorar mis sentimientos y prestar oídos sordos a mi intuición. Tal vez, en algún nivel, no creía merecer resultados mejores, porque ya he cometido antes esas mismas equivocaciones, pero sin aprender de ellas.

—¿Y cómo te sientes ahora?

—Me siento más despierto. He hecho mi propia versión de El Mapa con las reflexiones y las preguntas. Ahora lo llevo conmigo, en mi billetera.

—Naturalmente —precisó sonriendo el guía—, ya sabes que hace falta algo más que llevar El Mapa consigo. Necesitas sacarlo a la luz y *utilizarlo* a menudo. Cuando lo hagas, obtendrás resultados mejores.

—Eso es precisamente lo que me ha sucedido este fin de semana —respondió el joven.

—¿Qué te ha pasado? —quiso saber el guía.

—Bueno, hice lo que me sugeriste. Primero realicé un inventario personal y anoté mi intención inicial. Luego me formulé las dos preguntas.

»Primero me pregunté, «*¿Estoy atendiendo a la necesidad real, me estoy informando de las opciones disponibles, lo estoy pensando a fondo?*» En principio respondí con un "Sí" a esta pregunta, porque pensaba que era mi respuesta sincera.

»Luego me pregunté, "*¿Refleja mi decisión*

que estoy siendo *honesto conmigo mismo, que confío en mi intuición y que me merezco algo mejor?*", y descubrí que me estaba engañando a mí mismo.

»Me alegro de que me animaras a tener paciencia, porque después de haberme formulado la pregunta de índole privada, me di cuenta de que si me formulaba de nuevo la pregunta práctica tomaba una decisión mucho mejor. Comencé a ver las cosas de forma distinta, con mayor claridad.

—¿Qué viste? —preguntó el guía.

—En primer lugar vi que iba detrás de lo que quería, en lugar de lo que realmente necesitaba. En segundo lugar, me di cuenta de que no había reunido la información necesaria. Finalmente, no había pensado en absoluto mi decisión a fondo, hasta llegar a los resultados que necesitaba.

»Como ya te he dicho, formularme la pregunta «de corazón» me ayudó a volver sobre mis pasos y utilizar honestamente mi cabeza y mi corazón para tomar una decisión mucho mejor.

»Hace tan sólo unos minutos que he escrito esta decisión en mi inventario y la he comparado con la decisión inicial que iba probablemente a tomar antes de venir a La Excursión. ¡Es *mejor*! He llegado sin duda a una decisión mucho mejor.

»Ahora voy a formularme las dos preguntas de nuevo, para ver si en los próximos días logro decisiones aún mejores aunque, como tú dices, ya es mucho haber conseguido simplemente una decisión mejor.

—Has aprendido muchas cosas. Deberías sentirte a gusto —le dijo el guía sonriendo.

—Así es. También me alegro de que me animaras a hablar con los otros excursionistas, así como a escucharles y a escucharme a mí mismo. Confeccionar mi propio Mapa también me ha ayudado a descubrir por mí mismo lo que necesito aprender.

—Cuando estés sólo, ¿te acordarás de formularte las dos preguntas y de utilizar la cabeza y el corazón para tomar tus decisiones? —le preguntó el guía.

—Así lo espero. Tengo la intención de formularme las preguntas tan a menudo como haga falta —respondió el joven.

Luego le dio las gracias efusivamente, y se dispuso a dárselas a los demás. Sin embargo se contuvo al ver que descendían absortos. Comprendió que también ellos estaban analizando sus propias decisiones.

Cuando uno tras otro todos los participantes en la excursión hubieron llegado al pie de la montaña, el grupo se reunió para despedirse.

Allí pudo darles las gracias a cada uno. Algunos le estrecharon la mano, otros le abrazaron. Todos se sentían unidos.

El joven dijo:

—¿Cómo podría expresaros el agradecimiento que os debo a todos?

Ingrid fue la primera en contestar.

—Eso es fácil. Utilizando el Sistema y haciendo que *otros* lo utilicen también.

Sonriendo, el joven le prometió que así lo haría. Finalmente se separaron.

Mientras caminaba a solas, por el sendero al pie de la montaña, en dirección a donde había dejado su coche, el joven repasaba todo lo que había aprendido y que estaba ansioso por poner en práctica diariamente.

Se tomaría el tiempo necesario para formularse las dos preguntas antes de tomar cualquier decisión importante.

De vuelta a su oficina simplificó el Mapa que había escrito a mano, le pidió a su secretaria que lo mecanografiara y lo redujo al tamaño de una tarjeta de crédito, de modo que pudiera llevarlo en su billetera y utilizarlo de forma regular.

El Mapa

Para una decisión mejor

«Sí» o «No»
El Mapa para una decisión mejor

*Evito la indecisión y las medias
decisiones
basadas en medias verdades.*

*Utilizo ambas partes de un
sistema fiable
para tomar decisiones mejores de
forma constante:
cabeza fría y corazón caliente.*
UTILIZO MI CABEZA
*formulándome una pregunta
práctica*
y
CONSULTO MI CORAZÓN
*formulándome una pregunta de
índole privada.*

*Luego, tras haberme escuchado a
mí mismo y a los demás,
tomo una decisión mejor y actúo
de acuerdo con ella.*

*Para utilizar la cabeza, me
formulo una pregunta práctica:*
**«¿Estoy atendiendo a la necesi-
dad real, me estoy informando
de las opciones disponibles, lo
estoy pensando a fondo?»**
Sí _ o No _
¿Se trata de un mero deseo o de
una necesidad real? ¿Qué información necesito? ¿He creado opciones? ¿Qué pasaría si hiciera
«x»? ¿Y luego?

*Para consultar el corazón, me
formulo una pregunta de índole
privada:*
**«¿Refleja mi decisión que estoy
siendo honesto conmigo mismo,
que confío en mi intuición y que
me merezco algo mejor?»**
Sí _ o No _
¿Me estoy diciendo a mí mismo
la verdad? ¿Me hace sentir bien?
¿Qué decidiría si no tuviese miedo? ¿Qué haría si me mereciese
algo mejor?
Si la respuesta es «Sí», procedo.
Si la respuesta es «No» lo pienso
de nuevo.

¿Cuál es mi decisión mejor?

Actuar en base
a la decisión mejor

De la teoría a la práctica

Cuatro meses más tarde

Unos cuantos meses más tarde el joven sabía que ya no era un joven, que había madurado y se había convertido en un hombre. Sentado en su oficina, se daba cuenta de que había asumido plenamente la responsabilidad de tomar decisiones mejores, tanto en su trabajo como en su vida privada.

Llevaba El Mapa en su billetera y lo utilizaba siempre que necesitaba llegar a una decisión mejor.

No transcurrió mucho tiempo antes de que los demás notaran el cambio. Se le veía más seguro y decisivo. Respondía calmadamente a más preguntas y escuchaba más.

Algunas personas le preguntaron qué había sucedido. Cuando les habló del sencillo Sistema «Sí» o «No» que utilizaba, quisieron saber más al respecto.

Compartió sus notas de La Excursión con

quienes se mostraban realmente interesados, y les animó a que forjaran su propio Mapa, a que lo utilizaran y a que, a su vez, enseñaran a otros a utilizarlo.

Ahora estaba esperando a que algunas de las personas que trabajaban con él se reunieran en su oficina.

—¿Qué tal si nos reuniéramos una hora cada semana y, como equipo, revisáramos juntos el modo de tomar decisiones mejores? —fue lo primero que propuso cuando la reunión comenzó—. Por supuesto, todo ello de forma voluntaria. Cada cual podría utilizar las dos preguntas para tomar sus decisiones durante la semana. Luego, como grupo de trabajo, revisaríamos las decisiones departamentales cada jueves por la mañana, a las diez. Juntos podríamos descubrir el modo de tomar decisiones mejores. ¿Os parece que valdría la pena?

—¡Si! —exclamó una de sus compañeras.

»Estoy a favor porque me olvido de utilizar las preguntas, aun a sabiendas de que funcionan —añadió riendo.

Otros asintieron en señal de aprobación.

—Sin embargo —prosiguió—, si supiera que cada semana tengo que asistir a esa reunión, eso me motivaría a formularme las preguntas, y creo que podría tomar decisiones mejores.

Todos se manifestaron de acuerdo y pronto tuvieron su primera reunión semanal. Como todas las que siguieron, la reunión comenzó con la pregunta, «*¿Estamos atendiendo a la necesidad real, nos estamos informando de las opciones disponibles, lo estamos pensando a fondo?*»

Al cabo de algunas reuniones, casi todos llegaban mejor preparados, puesto que sabían que iban a debatir lo que querían hacer y el modo cómo habían descubierto cuál era la necesidad real.

Unos a otros se pedían la descripción de los resultados necesarios con tanta claridad, que podían verlos casi como si ya los hubieran alcanzado.

Se explicaban unos a otros los pros y los contras de al menos tres opciones, así como la razón por la que elegían una de entre ellas como la más apropiada para ayudarles a satisfacer la necesidad real.

Se preguntaban: «¿Qué sucedería entonces?», y esbozaban lo que esperaban que ocurriese, paso a paso, hasta alcanzar los resultados necesarios, con un calendario específico para cada fase.

Al principio, algunos de los miembros del grupo de trabajo se sentían incómodos al formular en voz alta la pregunta privada, de modo que se la planteaban a sí mismos.

Algunos desarrollaron cierto enfoque ligero sobre el tema. De vez en cuando, sonriendo, preguntaban, «Ja, ja, ¿pero nos estamos diciendo realmente *la verdad* a nosotros mismos?», «¿Pero lo sentimos realmente *bien* en nuestro corazón?» o, «¿Pero qué decidiríamos si creyésemos que nos *merecemos* algo mejor?»

Se lo pasaban mejor cuando hacían estas bromas en grupo pero luego, al examinar cada cual en privado sus pensamientos y sus sentimientos, las decisiones del grupo mejoraban. Tomaban decisiones mejores trabajando juntos que lo que cada cual hubiera hecho por sí solo.

Habían conseguido superar la mediocridad del compromiso débil, tan común en los grupos, trabajando como individuos claros y cooperativos.

Cuando corrió la voz de la reunión semanal de «Sí» o «No», los demás se fueron dando cuenta de que quienes asistían a ellas gozaban de mayor libertad para tomar decisiones. Obtenían resultados mejores y eran ascendidos. No pasó demasiado tiempo antes de que algunas de las personas que en principio se habían mostrado escépticas solicitaran formar parte de aquellos encuentros semanales.

Pronto varios departamentos tenían sus propias reuniones semanales de «Sí» o «No».

A menudo, los participantes solicitaban que la reunión se prolongara más allá de una hora, pero tuvieron que aprender a acudir bien preparados, con sus respuestas trabajadas porque, en aras de la eficacia, las reuniones nunca iban más allá de una hora de duración.

El mero hecho de saber que tendrían que debatir no sólo sus decisiones, sino el modo como las estaban tomando, animaba a muchos participantes a formularse ellos mismos las dos preguntas durante la semana, de forma regular

Con el paso de los años, la organización y quienes la formaban fueron prosperando. Aquel joven, que había vuelto de La Excursión convertido en un hombre, se daba cuenta de que sus equipos de trabajo estaban ahora formados por personas con mayor capacidad de decisión. Y recordó cómo había comenzado todo.

El guía personal

Dos años después

Sentado en su nuevo despacho, dos años más tarde, el hombre reflexionaba sobre lo lejos que había llegado. Ahora era menos ingenuo que antes y se daba cuenta mejor de lo que pasaba, tanto a su alrededor como dentro de sí mismo.

El guía y algunos de los participantes de La Excursión le habían dicho que en cada uno de nosotros hay un «guía», un mentor interno con el que estamos dotados y que nos muestra nuestra propia sabiduría.

«El guía somos nosotros mismos», se dijo.

Sonrió. Se daba cuenta de que, en resumen, simplemente se trataba de decir «Sí» a la realidad y «No» a las ilusiones.

Continuaría utilizando la cabeza para formularse preguntas penetrantes, y el corazón para encontrar respuestas mejores.

Seguiría centrándose en la necesidad real,

reuniendo o verificando personalmente la información necesaria, y siendo más consciente de las opciones disponibles. Pensaría a fondo cada una de sus decisiones y obtendría mejores resultados.

Se dio cuenta de que, cuando se decía a sí mismo la verdad, confiaba en su mejor intuición y actuaba bajo la creencia de que se merecía algo mejor, podía distinguir más fácilmente la ilusión.

Lo que antes le parecía complicado seguía ahora siendo complejo, pero estaba claro que, cuando utilizaba un sistema mejor, tomaba decisiones mejores. Se alegraba de haber hecho algo más que aprenderse las preguntas, había aprendido a *utilizarlas* de forma sistemática.

Ahora se sentía renovado y disfrutaba de una prosperidad y una paz que nunca antes había conocido.

Se puso en pie y recorrió el despacho. Iba a tener un encuentro especial con el guía, a quien no había visto desde La Excursión.

Aquel había sido un viaje excepcional, en el que se había encontrado con lo mejor de sí mismo.

Veía su futuro mejor que nunca. Desde que había introducido en la empresa el Sistema «Sí» o «No», había podido constatar una mejora importante en la moral y los beneficios de la organización. También él mismo estaba prosperando.

—He estado escuchando grandes cosas sobre ti y tu empresa —le dijo el guía al entrar en el despacho.

—Gracias, ¿Recuerdas lo que me dijiste? «El Sistema funciona mejor cuando lo *usas*.» Bueno, pues aquí lo *usamos* de verdad.

Ambos rieron.

—Las personas de esta compañía que desarrollan el hábito de utilizar la cabeza y el corazón para encontrar mejores respuestas, *obtienen* resultados mejores —añadió el hombre—. Cuanto más utilizan el Sistema mejor les va, y lo mismo le sucede a nuestra organización. Y aquí acaba mi pequeño discurso.

—¿Qué te parecería si tú y yo compartiéramos todo eso con otras organizaciones? —le propuso riéndose el guía.

—Me encantaría poder ayudar —respondió el hombre.

Luego se pusieron de acuerdo para desarrollar juntos mejores métodos para aplicar el Sistema y llevar la información a más personas. Discutieron varias ideas, incluyendo la distribución de información acerca del Sistema «Sí» o «No» a los clientes de la empresa, tanto actuales como potenciales, para ayudarles a tomar también decisiones mejores, confiando en que eso acabaría redundando en beneficio de la propia empresa.

Finalmente, y tras haber acordado encontrarse de nuevo pronto, se estrecharon las manos y el guía se marchó.

El hombre estaba de nuevo solo con sus pensamientos. Deseaba haber aprendido a tomar decisiones mejores antes, porque eso habría marcado una diferencia importante en su vida. Se alegraba de haberse puesto a trabajar con otras personas para llevar toda aquella información a los jóvenes de las escuelas del vecindario, de modo que pudieran aprovecharse de ella mucho antes en su vida. Se dijo, «Cuanto antes aprendamos a tomar decisiones mejores, antes obtendremos resultados mejores. Si todos fuésemos capaces de tomar decisiones mejores en el trabajo y en casa, todo el mundo, tanto en el trabajo como en la familia, saldría ganando».

Luego se percató de que, por muy útil que estuviera siendo para su empresa y para su comunidad, lo que más le alegraba eran los cambios que habían sucedido en su casa.

Tanto él como los demás miembros de su familia habían aprendido a formularse las preguntas de «cabeza» y «corazón», así como a escuchar a lo mejor de sí mismos, antes de tomar una decisión.

Ahora todos se sentían mucho más felices.

Cuanto más pensaba sobre ello, más cuenta

se daba del valor que para las personas tenía tomar decisiones mejores en sus vidas privadas, así como ayudar a las personas que les importaban a aprender a hacer lo mismo.

Miró el pisapapeles sobre su escritorio, con las dos preguntas que le recordaban constantemente la conveniencia de utilizar una cabeza fría y un corazón caliente para tomar sus decisiones.

Sonrió, recordando de nuevo las palabras del guía: «El Sistema funciona mejor cuando lo *usas*».

Se daba perfectamente cuenta de que, precisamente porque estaba *usando* un Sistema fiable, ahora podía decir con mayor agilidad «Sí» a lo que funcionaba y «No» a todo lo demás. Sabía que, tomando de forma constante decisiones mejores, se había ganado una vida mejor. Sonriendo, llegó a una conclusión:

Somos nuestros propios guías
para tomar decisiones mejores.

Y podemos ayudar a los demás
a descubrirlo.

Visítenos en la web

www.empresaactiva.com